「神社」で読み解く日本史の謎

河合 敦

PHP文庫

○本表紙図柄＝ロゼッタ・ストーン（大英博物館蔵）
○本表紙デザイン＋紋章＝上田晃郷

はじめに

日本には大小無数の神社が鎮座《ちんざ》するが、日常の風景に溶け込んでしまっているから、ふだん、「神社とは何だろうか」などと、その存在を強く意識する人は少ないだろう。しかしながら神社は、日本史を動かす大きな役割をたびたび果たしてきたのである。

そもそも神社は、いつどのようにして成立したのだろうか――。

太古より日本人は、美しい山や海に浮かぶ島、大きな樹木や岩などには精霊や神が宿ると信じていた。人びとはそうした神々をあがめることによって、災いを避け、豊かな恵みや幸せを祈るようになった。こうして日本独特の神道《しんとう》が生まれたのだ。そんな神々を祀《まつ》る施設が、神社である。

神社の原型が確立するのは、古墳時代（三世紀半ば以後）のことだといわれる。ご神体の島や山が美しく見える場所、あるいは、神が宿るとされる大岩や大木のそばに、供物《くもつ》をそなえる簡素な祭壇を設置したのが神社のはじまりらしい。

日本人ならおそらく誰もが、七五三やお祭りなど、神社に関する幼少期の記憶を一つか二つは持っているはずだ。私の場合は、小学校低学年時の記憶だ。ある屋敷の裏山に入り込んで遊んでいたとき、竹林の中で小さな石の祠《ほこら》を見つけた。興味本位で中を覗《のぞ》くと、真っ赤な耳と口を持つ小さな白狐の置物があった。薄暗い中で白狐を目にした瞬間、後戻りできない異界に迷い込んでしまう恐怖感に襲われ、一目散に祠から離れ、山を駆け下りたことを覚えている。屋敷の裏山に神を祀るのは、日本各地で見られる風習だ。祀るのは稲荷神と稲荷神《いなりしん》の眷属《けんぞく》が狐なので、おそらくあの祠は、稲荷神を祀ったものだろう。は限らず、いろいろな神様が屋敷神《やしきがみ》となる。神道では八百万神《やおよろずのかみ》という言葉があるように、数え切れないほどの神が存在する。

そんななかで、もっともよく知られている神様と神社が、皇祖神アマテラスと彼女を祀る伊勢神宮だろう。とくに二十年に一度、社殿等を一新する式年遷宮《しきねんせんぐう》は、二〇一三年に話題なっただけに記憶に新しいと思う。この式年遷宮という不思議な慣行は、持統《じとう》天皇のときにはじめて実施されるが、実はこれは、日本史と大きな関係があった。詳細は後述するが、持統はこれを行うことで巧《たく》みに権力の維持をはかったのである。

これ以外にも、神社が歴史を大きく左右した事例は枚挙《まいきょ》にいとまがない。例えば、大分の宇佐八幡宮《うさはちまんぐう》（現・宇佐神宮）。稲荷社と並んで多い神社が八幡神（応神《おうじん》天皇説あり）を祀る八幡社で全国に四万以上あるというが、宇佐八幡宮はその総本宮である。

奈良時代、そんな宇佐八幡宮の神官が「道鏡《どうきょう》を皇位にすえると、世の中は平和になる」という神託《しんたく》を朝廷に届けた。道鏡は、孝謙《こうけん》上皇が寵愛《ちょうあい》している僧侶だ。このお告げは、天皇になりたい道鏡が捏造《ねつぞう》させたものだというが、もし何事もなければ天皇家の血筋は道鏡の血統に移行してしまったろう。ところが、真偽を確かめるために都から宇佐八幡宮に遣《つか》わされた和気清麻呂《わけのきよまろ》が、神託をはっきり否定したため、その野望はくじかれたのである。

戦国時代にも、好例がある。織田信長《おだのぶなが》が強大化することができたのは、桶狭間《おけはざま》で駿河《するが》・遠江《とおとうみ》の大大名今川義元《いまがわよしもと》を討ったことがきっかけだ。ただ、桶狭間合戦での信長の軍勢は、今川軍の十分の一以下であった。そんな信長が勝利できたのは、じつは熱田《あつた》神宮の力が大きいのである。そのため信長は戦後、熱田神宮に土塀を奉納したのだ。

だが、天下統一まであと一歩というところで、信長は家臣の明智光秀《あけちみつひで》に殺されてしまう。光秀は、謀叛《むほん》に及ぶかどうか非常に苦悩したすえ、京都の愛宕《あたご》神社で何度もクジを引いた。そしてようやく大吉を引き当て、それを神の意志としたうえで最終的に行動に移したとされる。いずれにせよ、熱田神宮や愛宕神社がなければ、歴史が変わっていた可能性は否定できない。

また、日本史を考える上で、御霊《ごりょう》信仰も極めて重要だ。有力者がこの世に怨《うら》みを残して死ぬと、人びとを苦しめる怨霊や荒ぶる神になる。そう考える御霊信仰が、平安時代になって登場する。すると、人びとは菅原道真《すがわらのみちざね》、平将門《たいらのまさかど》、崇徳《すとく》上皇らを神として祀り上げ、彼らのために神社をつくった。それらの神社も歴史と深く関係していくが、特に平将門を祀った神田明神《かんだみょうじん》は、徳川家康《とくがわいえやす》の江戸幕府草創期の都市計画に大きな影響を与えているのだ。

そんな御霊信仰に対し、状況が大きく変化するのが、近代である。明治神宮、乃木《のぎ》神社、靖国《やすくに》神社など、国家の英雄が神として祀られるようになるのだ。

本書は、伊勢神宮、出雲《いずも》大社、鶴岡《つるがおか》八幡宮、熱田神宮、日光東照宮《とうしょうぐう》、伏見《ふしみ》稲荷大社、諏訪《すわ》大社、熊野《くまの》三山、厳島《いつくしま》神社など、誰もが知っている有名な神社が、じつは歴史に大きく関与してきたという事実をまとめたものである。

神社を通して日本史の謎を読み解く形式をとっているので、きっとミステリー小説を読む感覚で楽しんでいただけると確信している。

また、簡単にではあるが、各神社の歴史についても触れているので、参詣する際に、神社の歴史に思いを馳《は》せる手がかりとなるだろう。

ともあれ、神社というものが日本史に与えた影響、それについて改めて実感していただければ幸いである。

二〇一五年五月

河合　敦

「神社」で読み解く日本史の謎◎目次

はじめに

第一章　なぜ伊勢に神宮が置かれ、式年遷宮が生まれたか

伊勢神宮の由来とは　24
ただ一人、行啓を執りおこなった持統天皇　28
式年遷宮の謎　30

第二章　皇統の危機！　宇佐八幡宮神託事件の真相とは

孝謙女帝が思慕した男が道鏡以外にいた？　36

ご神託の裏に、道鏡の息のかかった人物が！ 41
和気清麻呂はいかに神のお告げを翻したか 44
コラム1 新選組が御香宮神社の新政府軍に敗れたわけ… 49

第三章 平清盛が厳島神社を尊崇した真意とは何か

清盛の意外なコンプレックス 54
清盛と寺社の対立を招いた異例の行幸 59
滅亡した平家が厳島に残したもの 64
コラム2 沖田総司の死没に関する諸説と今戸神社… 68

第四章
なぜ源頼朝は鶴岡八幡宮を信仰し、鎌倉に幕府を開いたか
鶴岡八幡宮の創建と源氏との関係 72
平氏追討の祈禱、静御前の舞、西行との語らい 77
八幡宮で起きた、将軍暗殺事件の真相は…… 82
コラム3 三囲神社と三井財閥… 86

第五章
なぜ信長は熱田神宮に立ち寄り、桶狭間合戦に勝てたのか
日本武尊の死とともに生まれた神宮 90
信長も頼らざるを得なかった神仏の力 94

コラム4　黒田官兵衛が中津城内に神社をつくった理由…99

第六章　徳川吉宗が日光東照宮への社参を挙行した真意とは

家康死後に起きた天海と崇伝の論争　102
十三万の大軍による日光社参　107
吉宗は改革の精神を失ったのか？　115

第七章　なぜ日光東照宮は幕末の戦禍を免れ、世界遺産となったのか

武田と北条の旧臣による見回り　120
東照宮を守る千人同心、迫りくる新政府軍　125

コラム5　幕末の戦車を安置する水戸東照宮…130

第八章
伊勢神宮への御蔭参りはなぜ流行したのか

きっかけとなった大帝国の来襲　134
伊勢参りを広めた「御師」　137
飼い犬に賽銭をつけてまで行かせた!?　140

コラム6　大砲を安置し、水戸黄門を祀る常磐神社…144

第九章
なぜ乃木希典は乃木神社の祭神となったのか

乃木坂に関する誤解 148
乃木無能論は果たして真実か 152
各地に創建された乃木神社 155
コラム7 箱館戦争の戦死者を祀る護国神社と碧血碑… 161

第十章 出雲大社の高層神殿は実在したのか

国譲り神話にみる天皇家との縁 166
出雲大社の驚くべき発掘物 170

第十一章

皇室を呪詛した崇徳上皇はなぜ白峯神宮に祀られたのか

親に「叔父子」と疎まれた上皇　178
武家政権誕生は崇徳の祟りだった？　184
コラム8　写楽の正体がわかる住吉神社…　190

第十二章

八坂神社と平氏の関係、そして清盛の出生の謎

なぜ武士が太政大臣になれたのか　196
清盛の父は誰か？　忠盛か、それとも……　200
清盛のトラウマとなった祇園社乱闘事件　205

第十三章

白河法皇はなぜ熊野三山を尊崇したのか

浄土信仰と熊野 212
熊野がなければ三十三間堂も清盛も…… 217
戦国時代の宣教師を仰天させた風習 222
コラム9 め組の喧嘩の舞台・芝神明社… 225

第十四章

明治神宮はいかに生まれ、外苑はいかにつくられたか

国民の精神的支柱だった明治天皇 230
渋沢栄一が中心となった神宮創建運動 232

清正井、東京オリンピック、出陣学徒壮行会……236
コラム10 大岡越前の屋敷にあった豊川稲荷…242
第十五章 武田信玄が諏訪大社に残した意外なものとは何か
奇妙な神社と神話に彩られた諏訪氏 246
戦国時代の諏訪をめぐる争乱 250
第十六章 武田八幡宮に伝わる武田氏滅亡悲話とは
源氏に崇高され、源氏の氏神として 256
武田勝頼夫人の切々たる願文 260

コラム11 水稲荷神社と高田馬場の決闘の真相… 265

第十七章 豊臣秀吉はなぜ北野天満宮で大茶会を開いたのか

強力な怨霊から学問の神様へ 268
大イベントだった茶会 272
千利休が菅原道真を狂歌にうたった真意 278
コラム12 山王社(日枝神社)での大岡越前の苦労… 281

第十八章 伏見稲荷大社の朱鳥居はいかに生み出されたか
外国人観光客から一番人気となった理由 284
渡来人の末裔から始まった歩み 288
「即時破壊する」という秀吉からの脅し 291

第十九章 徳川家康は平将門を祀る神田明神をなぜ江戸総鎮守としたか
平将門の挙兵と神田明神の創建 296
家康は将門を守り神とし、新政府は…… 300
終戦後も続いた将門の祟り 305

コラム13 ノーベル賞受賞者を超えた寒川神社の算額…… 308

第二十章 靖国神社はいかに創建され、なぜ靖国問題が起きるのか

靖国を語る前に知っておきたいこと 312
戦死者の死をいかに意味づけるか 315
現在に至るまでの靖国問題 319

参考文献 324

本文デザイン◎印牧真和

第一章

なぜ伊勢に神宮が置かれ、式年遷宮が生まれたか

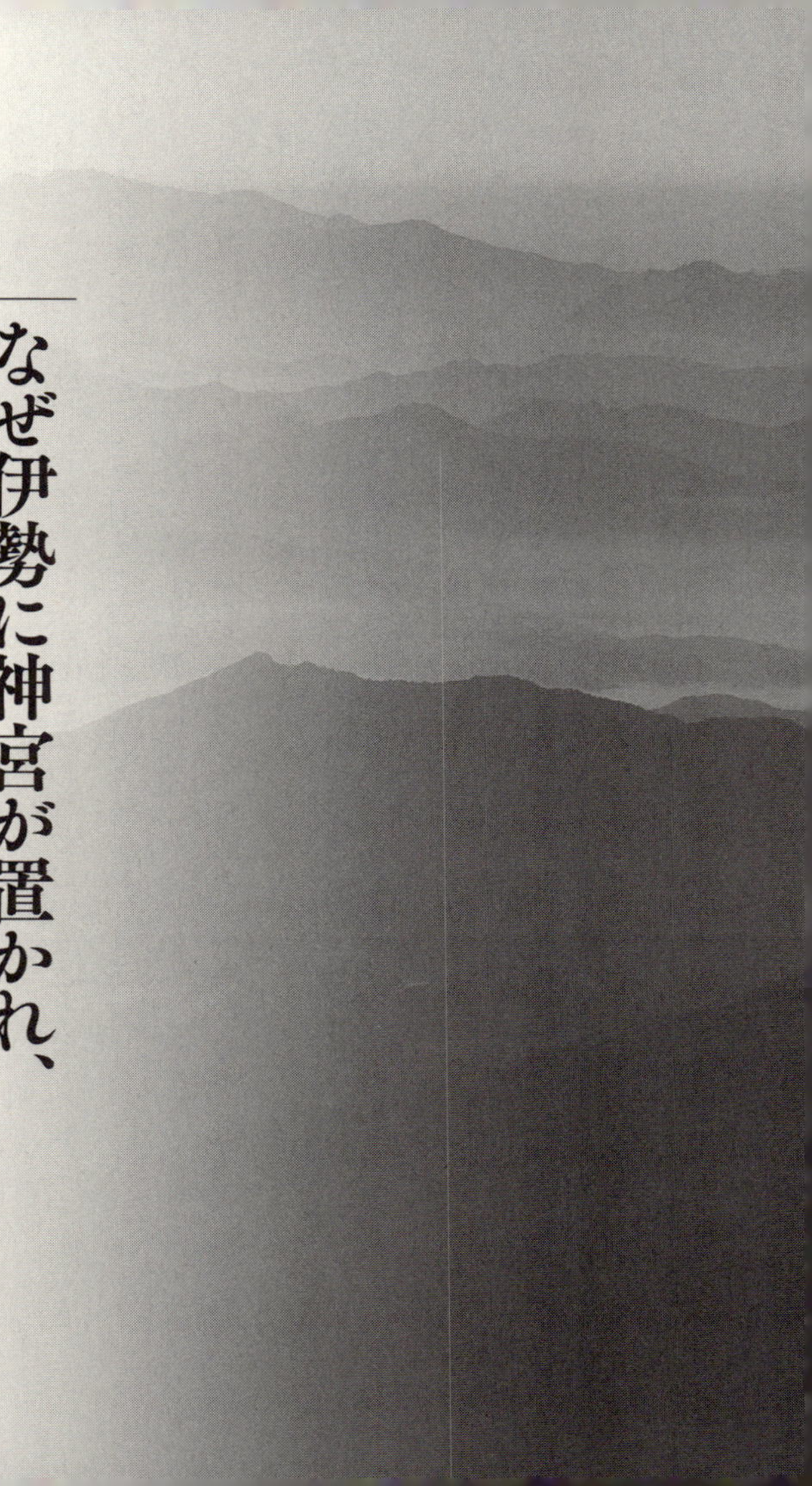

伊勢神宮の由来とは

二〇一三年は、「式年遷宮《しきねんせんぐう》」がおこなわれるということで、伊勢《いせ》神宮が大きな話題になったことを覚えておられるだろう。

式年遷宮というのは、二十年ごとに社殿などその他をすべて一新し、天照大《あまてらすおお》神《みかみ》に遷座していただく儀式のことである。今回の式年遷宮の年には、一四二〇万人が参詣《さんけい》したという。総人口の十人に一人以上が訪れた計算になる。すごい人気である。

しかし、そもそもこの伊勢神宮は、どのような由来をもつ神社なのだろう。

その由来を探っていくと、古代における天皇家の権威の在り方、天孫降臨《てんそんこうりん》神話と持統《じとう》天皇の関係、式年遷宮が生まれた背景までもが見えてくるのである。

神宮の祭神は、天皇家の皇祖神・天照大神である。

その歴史は「記紀」に詳しく載っている。第十一代垂仁《すいにん》天皇の皇女・倭姫《やまとひめの》命《みこと》が、三種の神器（天皇の位の象徴）のうち八咫鏡《やたのかがみ》と天叢雲剣《あまのむらくものつるぎ》を祀《まつ》るのにふさわしい場所を求めて各地をめぐり、ようやく伊勢国五十鈴《いすず》川のほとりに最適地を見つけ、そこに社《やしろ》を建てたのがはじまりだと伝えられる。

天照大神は、地上支配の正統性を示すものとして皇孫であるニニギノミコトに三つの神器を与えた。そのうち八咫鏡は「この鏡を見ることはすなわち、私を見るのと同じである。だから鏡を手元から離さず、大切に祀りなさい」と天照大神自身が述べたほどで、そういった意味では、天照大神の御霊代《みたましろ》といえるものだった。

ところが第十代崇神《すじん》天皇は、この鏡のパワーがあまりに強いことに恐れをなし、部屋に置いておくのが不安になって、娘の豊鍬入姫命《とよすきいりひめのみこと》に天叢雲（草薙《くさなぎ》）剣とともに渡し、別の場所に祀らせることにしたのである。そこで彼女は、鏡と剣を大和《やまと》の笠縫邑《かさぬいむら》に移したという。

続く第十一代垂仁天皇は、笠縫邑に安置されていた鏡と剣を娘の倭姫命に持たせ、さらに遠くへと赴かせ、やがて五十鈴川のほとりに安置所を創建させたのである。ただ、天叢雲剣は、倭姫命が東征《とうせい》を命じられた甥《おい》の日本武尊《やまとたけるのみこと》に与えているので、伊勢神宮から離れてしまった。

もちろん今述べたことは伝承であり、史実ではない。多くの研究者は、伊勢神宮が創られたのは、伊勢という地域が「王権にとっての要地」となり、ここに神器を祀った神社を「遷座しなければならない状況が生じた」のだと考える。一部の学説では、時期としては、大和政権の「東国経略にあたって伊勢の地が重視された」（千田《せんだ》稔《みのる》氏著『伊勢神宮――東アジアのアマテラス』中公新書）五世紀末から六世紀初頭の、雄略《ゆうりゃく》天皇の時代だろうと推測している。

伊勢神宮内宮正宮（写真提供：神宮司庁）

ところで、伊勢神宮の祭神は、この天照大神だけでない。

伊勢神宮は皇大神宮《こうたいじんぐう》（内宮《ないくう》）と豊受大神宮《とようけだいじんぐう》（外宮《げくう》）を中心に一二五社に分かれており、内宮の祭神は天照大神だが、外宮は豊受大神という神が祀られているのである。豊受大神は、雄略天皇が天照大神に食事を奉《たてまつ》るため、丹波《たんば》から伊勢に遷《うつ》した神だという。

ところで朝廷は、伊勢神宮に皇女（天皇の娘）や天皇の姉妹を一人、奉仕させるようになった。それを斎王《さいおう》（斎宮《さいくう》）と呼ぶ。倭姫命以来、伊勢神宮には多数の斎王が派遣され、それは南北朝時代まで続いた。

式年遷宮を構想した天武《てんむ》天皇の皇女・大来皇女《おおくのひめみこ》もその一人だった。大来皇女は天武二年（六七三）、天武天皇の命令で伊勢神宮近くの斎宮に入った。斎宮には斎宮寮（役所）が置かれ、五百人を超える官人などが働いていた。けれど斎王の仕事は、三節祭《さんせつさい》（年二回の神嘗祭《かんなめさい》、月次祭《つきなみさい》）の奉仕のみ。つまり、年に三回だけ内宮と外宮に太玉串《ふとたまぐし》をささげるだけなのだ。ただ、天皇に代わって皇祖神（祖霊）に奉仕するのは、当時としては重要な職務だったのだろう。

ただ一人、行啓を執りおこなった持統天皇

今回の式年遷宮の翌年、今上《きんじょう》天皇が伊勢神宮を御参拝されたが、かつて歴代の天皇は伊勢神宮への参詣を遠慮されており、今回のような行幸《ぎょうこう》は明治時代になってからのことなのだ。

ただし、一人だけ例外がいる。それが持統天皇である。

天武天皇の死後、その子で有力な皇位継承者候補だった大津皇子《おおつのみこ》が謀叛《むほん》の罪で自殺に追い込まれた。これは、天武の皇后である鸕野讃良《うののさらら》皇女（持統）が、我が子・草壁《くさかべ》皇子を即位させたいがための謀略だったといわれている。この事件後、大津の姉であった大来皇女は都に召還《しょうかん》されたが、かわって新たな斎王が任命されることはなかった。斎王制度が中断されたのである。

鸕野讃良は、皇后のまま草壁皇子とともに政治をとるが、やがて草壁が病没してしまったので、幼い孫の珂瑠《かる》皇子（文武天皇）を即位させようと、中継ぎとして自ら即位して持統天皇となったのである。即位してから二年後の持統六

◆ 持統天皇関係図と天孫降臨神話

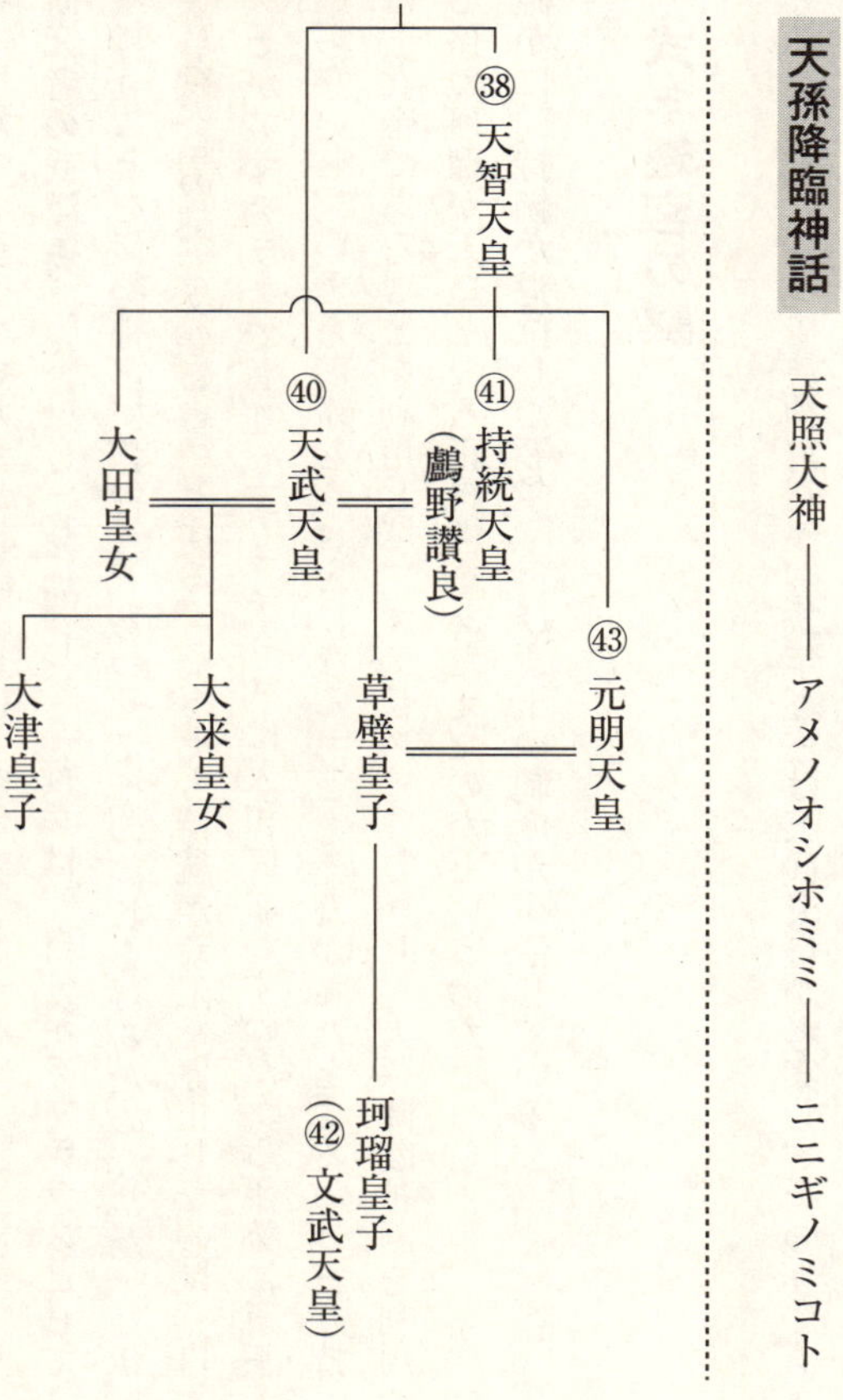

※人名の数字は天皇の代数

年（六九二）、持統天皇は伊勢への行幸を宣言する。天皇の伊勢詣は遠慮ごとなので反対する重臣もいたが、持統天皇はこれを強行した。

研究者の武澤《たけざわ》秀一《しゅういち》氏は、これに関して「行幸は、自分がアマテラスとして振る舞うことを伊勢神宮に報告し、あわせてその許しを得るためだった」（『伊勢神宮と天皇の謎』文春新書）とする。そもそも持統が斎王を停止したのは、自分こそがアマテラスであり、「アマテラスは大和におわすのだから伊勢に斎王はいらないし、いたらおかしなことになる」と考えたからだとする。つまり持統は、女帝であることを利用してアマテラスになりきり、天孫降臨神話を利用して孫の珂瑠が天皇となる正統性をあたえたのだというのだ。

確かに、持統が退位した翌年、再び斎王の制度が復活している。

式年遷宮の謎

そんな由来を持つ伊勢神宮だが、式年遷宮は天武天皇が考案し、その妻である持統天皇が最初に実施したといわれる。今回で遷宮は六十二回目。つまり、千三百年以上の歴史を有するのである。それにしても、なぜ二十年に一度、社殿等を新しくして神に遷座してもらう不思議な慣行が生まれたのか。次にその謎に迫っていこう。

有力な説として、社殿を清浄に保つためとするものがある。

伊勢神宮の社殿は、萱葺《かやぶ》き屋根の素木《しらき》の掘立柱《ほりたてばしら》形式の簡素な建物である。日本の風土からいって、こうした建物が清浄で美しい姿を保つことができるのは、せいぜい二十年が限度。汚れや腐食《ふしょく》が出てくると、穢《けが》れを嫌う住処《すみか》としてふさわしくなくなるという説だ。

また、歴代遷宮の停止と関係があるという説もある。

武澤秀一氏は、その著書『伊勢神宮と天皇の謎』で「歴代の天皇（大王）は代替りのたびに王宮を遷していた」が、持統天皇が恒久的な「藤原京《ふじわらきよう》（宮）の建設」をしたことで、天皇一代ごとに都を変える「歴代遷宮」は停止されることになった。そこで「歴代遷宮の停止を引き取るかたちで式年遷宮がはじまったのである」と述べている。なかなかユニークな説だ。武澤氏は「王宮や神社」を新たにつくるのは、それ「じたいに政治的・宗教的意味があったからである。これを新大王がおこなう時、樹立された新しい権力・権威が目に見えるかたちで示されたのである。大王としての政治的権威、そして宗教的権威をあらたにする行為」すなわち「権力・権威の若々しく活力に満ちた新生を意味した」と主張する。つまり「式年遷宮」は、それ以前の「歴代遷宮」と同じように「権力・権威の新生を視覚化し、社会に最大限アピールし印象づけ」る効果があったと考えるのである。

さらに、私たちを感動させる説として、技術伝承説がある。

親方の指導のもと、式年遷宮を経験した若き宮大工は、二十年後には自分が遷宮の中心となり、次の遷宮は長老として後進の指導に当たる。こうして建築技術が永遠に廃《すた》れないようにしたというものだ。

だが、研究者によれば、伊勢神宮の社殿は、時代とともに柱は太くなり、建物自体も大きく頑丈な構造に変わっているという。さらに驚くことに、百数十年間式年遷宮が断絶した室町時代に、社殿の配置も変遷があり、江戸時代に大きく変わってしまったのだそうだ。このため明治時代の式年遷宮のとき、かつての資料を見て、元に戻しているのだ。そういった意味では、技術伝承説というのはまだ研究の余地がある。

しかしながら、一時断絶したといいながら、千三百年もの間、二十年ごとに社殿を一新する儀式が人々によって代々おこなわれてきたというのはまことに希有《けう》なことであり、日本の誇るべき伝統行事として、これからも守っていく必要があるだろう。

第二章

皇統の危機！
宇佐八幡宮神託事件の真相とは

孝謙女帝が思慕した男が道鏡以外にいた？

宇佐《うさ》神宮（宇佐八幡宮《はちまんぐう》）は、全国に多数ある八幡社の総本宮である。御祭神である八幡大神《やはたのおおかみ》は応神《おうじん》天皇の御神霊だとされ、欽明《きんめい》天皇の五七一年に創建されたといわれる。

この神社が一躍有名になったのは、神護景雲《じんごけいうん》三年（七六九）の宇佐八幡宮神《しん》託《たく》事件からである。本章では、それについて詳述したい。この事件の背景を辿《たど》っていくと、三人の男女の愛憎劇が一大反乱劇を引き起こし、そして一神社の神託が皇統存続を左右するという、歴史の不思議さをつくづく痛感するのである。

孝謙《こうけん》上皇（女性）が急病にかかったとき、看病禅師として彼女の病を癒《い》やしたのが、道鏡《どうきょう》という僧侶だった。河内《かわち》国弓削郷《ゆげごう》に生まれた道鏡は、滅亡した物部《もののべ》氏の血を引くとか、志貴皇子《しきのみこ》の子だとかいわれるが、正直その出自はよくわからない。孝謙より年上だったと推定されるが、生年も定かではない。ただ、非常にすぐれた学僧であり、禅の道を極め、サンスクリット語も理解したので、宮中の内道場に入って病を治す看病禅師として活躍するようになった。

孝謙女帝は、聖武《しょうむ》天皇と藤原《ふじわら》氏出身の光明《こうみょう》皇后との間に生まれた娘で、女性ながら皇太子となり、天平感宝《てんぴょうかんぽう》元年（七四九）、三十二歳で即位した。孝謙は結婚せず、皇位を淳仁《じゅんにん》に譲ってからも独身を通した。そんな彼女が道鏡の看病を受けたのは四十四歳のときのこと。宿曜《すくよう》秘法なるものによって病は癒えたが、それからも彼女は道鏡を手元から離そうとしなかった。男女関係になったのは間違いないだろう。

孝謙が天皇だった時期、朝廷最大の実力者は光明皇后の甥にあたる藤原仲麻《なかま》呂《ろ》であった。光明皇太后は仲麻呂を寵愛《ちょうあい》、孝謙女帝も彼を信頼した。天平勝宝四年（七五二）には、孝謙が仲麻呂の私邸に滞在している。そうしたことから仲麻呂と孝謙は、男女関係にあったとする説もある。聖武上皇は死ぬ間際、道祖王《ふなどおう》（天武天皇の孫で新田部《にいたべ》親王の子）を皇太子に指名したが、父の死後まもなく孝謙女帝は、道祖王を廃して大炊王《おおい》に替えた。大炊王は仲麻呂の娘婿で、仲麻呂邸に住んでいた。そうした男を、父の遺志に背《そむ》いてまで皇太子にすえたのは、やはり仲麻呂を思慕していたからではなかろうか。

翌年、孝謙女帝は、大炊王（淳仁天皇）に譲位して上皇となった。以後、仲麻呂は淳仁天皇のもとで政権をとり、孝謙上皇とは疎遠になりがちだったようだ。そんなことから孝謙は、親身に看病してくれた道鏡に傾いていったのだと思われる。

だが、これを知った仲麻呂は、淳仁天皇を通じて「道鏡を寵愛し過ぎぬように」とクギを刺したのである。この言葉に孝謙は過剰に反応し、上皇と天皇の関係は一気に険悪になり、天平宝字《ほうじ》六年（七六二）、孝謙は五位以上の貴族を朝堂に集め、「淳仁天皇は自分に従順ではなく、仇敵《きゆうてき》のように私に接し、言ってはならぬことをいい、してはならぬことをした。だから今後は国家の大事と賞罰は私がおこなう」と政権奪還宣言をしたのだ。

権力者の仲麻呂に不満をもち、皇統の傍系《ぼうけい》である淳仁天皇を軽視していた貴族たちは多く、孝謙の発言で一気に反仲麻呂派が形成された。この状況を挽回するため、仲麻呂は同年末に人事を刷新《さつしん》し、強引に自分の子供たちを参議《さんぎ》（朝廷の閣僚）にすえるなど、守りの姿勢を固めていくが、翌年春には、仲麻呂の

◆ 孝謙天皇関係図

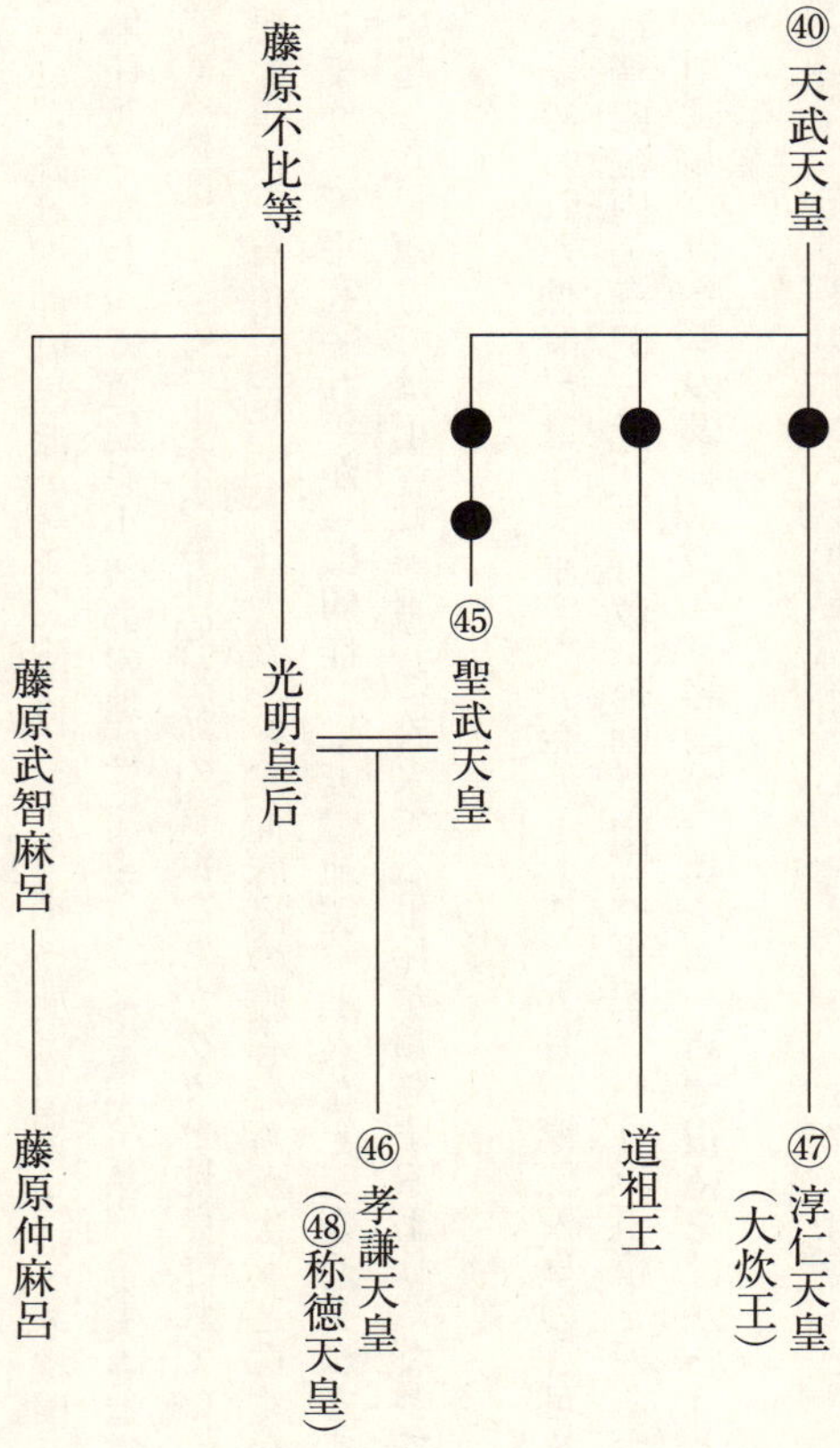

※人名の数字は天皇の代数

暗殺計画が発覚。藤原宿奈麻呂《すくなまろ》、石上宅嗣《いそのかみのやかつぐ》、佐伯今毛人《さえきのいまえみし》らが処罰・左遷される事態となった。

さらに孝謙は、仲麻呂派の慈訓《じくん》や慶俊《けいしゅん》らを僧綱《そうごう》（都の僧侶を統括する機関）から解任し、かわって道鏡を小僧都《しょうそうず》の地位にすえた。造東大寺司《ぞうとうだいじし》（東大寺造営を担当する機関）のポストからも仲麻呂派の官僚たちが次々と罷免《ひめん》されていった。悪い事に、石川年足《いしかわのとしたり》、大伴犬養《おおとものいぬかい》など、仲麻呂の腹心たちが次々と亡くなってしまう。天平宝字五年からは凶作、旱天《かんてん》、地震、洪水など天変地異が立て続けに起こり、地方では正倉《しょうそう》（国庫）に放火する事件が頻発するようになっていた。

追い詰められた仲麻呂は、天平宝字八年（七六四）九月、淳仁天皇の許可を得て都督四畿内《ととくしきない》・三関《さんげん》・近江《おうみ》・丹波・播磨《はりま》等国兵事使《とうこくひょうじし》という軍事権を握るポストを創設し、自らこの役職につき、諸国から兵をあつめて復権をはかろうとした。

すると、孝謙上皇のもとには仲麻呂の叛意《はんい》を密訴してくる者が相次いだ。

そこで仲麻呂は、密かに一族を連れて屋敷を脱出、宇治《うじ》をへて近江国高島《たかしま》郡へ入り、さらに越前《えちぜん》へ逃れ再起をはかろうとしたが、先回りした孝謙方の軍勢が行く手を阻《はば》んだため、仕方なく高島郡へ戻り三尾《みお》の古城に籠もった。仲麻呂軍は攻城軍をよく防いだが、藤原蔵下麻呂《くらじまろ》ら孝謙方の援軍が到来したことにより崩れ去り、一族とともに琵琶湖へ逃れたが、湖上で石村石楯《いわれのいわたて》に殺害された。

ご神託の裏に、道鏡の息のかかった人物が！

こうして乱が平定されると、孝謙上皇は道鏡を大臣禅師《だいじんぜんじ》という、大臣に匹敵するポストにすえた。孝謙は「私は出家しているが政治をとらなくてはならない。出家した天皇には、出家した大臣があってもよいだろう。道鏡は私の師である」と述べ、政治に参画させたのである。天平神護元年（七六五）閏《うるう》十月、さらに孝謙は道鏡を太政大臣《だいじょう》（朝廷の最高位）禅師にすえ、政務一切をまかせることにした。一介の僧侶が太政大臣に匹敵する地位に就くなど、前代未聞のことである。翌月、孝謙上皇は重祚《ちょうそ》（再び即位すること）して称徳《しょうとく》天皇となった。翌年十月、道鏡はさらに法王《ほうおう》となった。この新たなポストは、仏の世界において天皇に匹敵する地位といえ、同時に法臣、法参議という官職も創設された。

称徳天皇は即位後、皇太子を指名しなかった。こうしたことから、彼女が道鏡に皇位を譲ろうと考えていたのは明らかといえる。道鏡もそれを強く望んだのである。

そんな神護景雲三年（七六九）、「道鏡を皇位につけたなら、世の中は必ず平和になるだろう」という神のお告げが宇佐八幡宮から朝廷にもたらされた。神託を告げに来たのは、豊前介《ぶぜんのすけ》兼大宰府《だざいふ》主神《かんづかさ》の中臣習宜阿曽麻呂《なかとみのすげのあそまろ》であった。

豊前介というのは、宇佐八幡宮が鎮座する豊前国（現・大分県）の国司《こくし》（次官）である。大宰府というのは、朝廷の九州における統治機関であり、大宰府主神とは、九州の宗教を統括する長官だといえた。だからこそ、この阿曽麻呂が宇佐八幡宮のお告げをもたらしたわけだが、じつは彼は、道鏡の息がかかった人物であった。

研究者の清輔道生《きよすけみちお》氏によれば、中臣習宜阿曽麻呂は天平神護二年（七六六）

に従五位下に昇任しているが、これは道鏡が「阿曽麻呂に密命を果たさせるため」（「道鏡事件の謀略と史的背景」中野幡能編『宇佐神宮の研究』国書刊行会　所収）だとする。具体的には伊勢神宮に働きかけ、「道鏡の政治がすばらしいので五色の雲が現われた」など、奇瑞《きずい》が起こったと神宮から報告させることだったという。

実際、それは見事に成功したので、今度は豊前介に任じて宇佐八幡宮に同じ働きかけをおこなわせたというのだ。

そこで阿曽麻呂は、禰宜《ねぎ》の辛島勝与曽女《からしまのすぐりよそめ》に接触したという。宇佐八幡宮はこの禰宜が祭祀に関するトップであり、神託が下った場合、宮の行政をになう神宮司に連絡し、神宮司から朝廷へ伝達することになっていたとされる。

当初、阿曽麻呂は、伊勢神宮と同様に、宇佐八幡宮から奇瑞を朝廷に奏上させようと考えていたが、与曽女は偽《にせ》の神託をおこなうことを恐れ、これを辞退した。ただ、先の清輔氏によると、与曽女は阿曽麻呂に、失脚していた元神宮司・大神田麻呂《おおがのたまろ》に会うよう示唆《しさ》したという。そこで阿曽麻呂は田麻呂と会うが、田麻呂は大いに喜び、従姉の大神杜女《もりめ》を引き込んで、いっそ「道鏡を天皇にせよ」と偽の神託を出した方が大きな恩賞がもらえるのではないかと阿曽麻呂に持ち掛けたのではないかと考える。

こうして朝廷に宇佐八幡宮の神託が伝達される前に、道鏡はそれを知ることができ、このため急きょ、弟の弓削清人《ゆげのきよひと》を大宰帥《だざいのそち》（大宰府の長官）に任じ、大宰府内を道鏡派で固め、このたくらみを成功させようとしたのではないかという。

当然、この神託は道鏡から密かに称徳天皇にもたらされたはず。もちろん、称徳天皇も、それを知りつつ、あえてこれに乗ろうとしたのであろう。

「自分が死んだあと、遠い親戚に皇位が渡ってしまうくらいなら、愛する道鏡を天皇にしてあげたい」彼女がそう考えるのは、ごく自然な感情である。

この後、先の清輔道生氏は、非常に斬新な説をとなえるのだが、そちらは『宇佐神宮の研究』を読んでいただくことにして、ここでは通説を紹介したい。

和気清麻呂はいかに神のお告げを翻したか

宇佐八幡から神託がもたらされると、称徳天皇は腹心の和気広虫《わけのひろむし》を宇佐八幡宮へ派遣しようとした。しかし彼女は、身体が弱いことを理由に、弟の清麻呂《きよまろ》を適任として推薦したのである。

九州へ旅立つ前、清麻呂は急に朝廷から輔治能真人《ふじののまひと》という高い姓《かばね》をもらい、道鏡に招かれ「八幡神はきっと私の即位のことを告げるはず。もしそうであるなら、お前を高官にしてやろう」と意味深な発言をしたという。

こうして天皇と道鏡の期待を担った清麻呂は、宇佐八幡へ赴き、神前にぬかずいて八幡神の神意を仰《あお》いだ。

やはり神のお告げは、「道鏡を皇位につけよ」というものであった。

しかし「皇族でもない人間が皇位についてよいのか」と疑念を持った清麻呂は、「いま大神の示すことは国家の大事です。神託を信じることのできる証拠を見せてください」と祈念した。すると、忽然《こつぜん》と巨大な光の玉が、眼前に姿を見せたのである。清麻呂は仰天して度を失い、それを仰ぎ見ることができなかったが、このときはっきりと「皇位には必ず皇族を立てろ。無道の人（道鏡）はただちに排除せよ」という声を聞いた。

清麻呂が見聞きしたものは幻視幻聴のたぐいで、彼の潜在意識が見せた幻だったのかもしれない。しかしながら清麻呂は「これが神の真意だ」と信じた。しかも彼が偉いのは、自分の失脚を覚悟して、見聞きした事実をそのまま復命したことである。

これを聞いた称徳天皇は大いに落胆、「清麻呂は偽託《ぎたく》を語った」と激怒し、その罪で官位を剝奪《はくだつ》したうえ、名を別部穢麻呂《わけべのきたなまろ》と変えさせ、大隅国《おおすみ》へ流罪《るざい》に処してしまった。

なお、この失態の責任を負って大神杜女《おおがのもりめ》が入水自殺したので、宇佐八幡宮側の責任が問われることはなかったとされる。

神託事件の翌月、称徳天皇は由義宮《ゆげのみや》に行幸した。由義宮は、道鏡の出身地・河内国に造営したもので、この宮は「西京」と呼ばれ、平城京《へいじょうきょう》に対する副都の機能を果たした。しかし翌年、精神的ショックからか、称徳天皇は病にかかり、失意のうちに五十三歳の生涯を閉じたのである。

なお、称徳天皇の死後、道鏡はその陵墓《りょうぼ》にとどまってひたすら経をとなえ続けたという。この一事に道鏡の称徳天皇に対する気持ちがうかがえる。

和気清麻呂（『皇国二十四功　和気清麻呂公』、国立国会図書館所蔵）

しかしながら、宝亀《ほうき》元年（七七〇）八月二十一日、称徳天皇の死後まもなくして道鏡は失脚し、下野《しもつけ》国薬師寺《やくしじ》へ左遷された。また、その弟の弓削浄人らが土佐《とさ》国へ流罪となった。さらに同日、神託をもたらした中臣習宜阿曽麻呂も多《た》褹島守《ねのしまのかみ》に左遷されたのである。

道鏡はそれから二年後、死没してしまった。

太政大臣禅師にまでのし上がった道鏡だったが、その葬儀は、庶民の格式によって執行されたという。

いずれにせよ、一神社のお告げが、日本史を動かしたのである。

コラム1 新選組が御香宮神社の新政府軍に敗れたわけ

慶応《けいおう》四年（一八六八）一月三日、京都市中へ入ろうとする旧幕府軍と、それを阻止しようとする新政府軍（薩長《さっちょう》軍）との間で武力衝突が起こった。世にいう鳥羽《とば》・伏見《ふしみ》の戦いだ。

このとき伏見では新政府方の薩摩《さつま》軍が、旧幕府軍の進軍に備え、戦いの前から伏見奉行所の上に位置する御香宮《ごこうのみや》神社に本陣をすえていた。

伏見奉行所から御香宮神社までは、歩いてわずか十分ほどの距離である。

御香宮神社の門は、かつての伏見城の門だったと伝えられる。境内は広大で、本殿脇には見事な蘇鉄《そてつ》の古木がある。また、伏見の御香水と呼ばれる名水がわき、昭和六十年には環境庁（現・環境省）から名水百選に認定されたほどだ。いまでも近隣から多くの人々がこの名水を求めにやって来る。

さて、伏見の戦いが開始されると、薩摩軍は、御香宮の境内から降り注ぐように砲弾を伏見奉行所へお見舞いしたといわれる。

神社は奉行所を見下ろす場所にあり、どうして旧幕府方はこんな戦略上の要地を簡単に敵に占拠《せんきょ》させてしまったのか不思議だ。大砲の攻撃を想定していなかったとしか考えられない。

いずれにせよ、伏見奉行所は、大量の砲弾によって建物を激しく破壊され、各所から出火していった。この当時、奉行所内には土方歳三《ひじかたとしぞう》率いる新選組がいた。このままでは危ういと考えた土方は、敵陣への斬り込みを命じたのである。白兵戦は、新選組の得意とするところであった。このため作戦は新選組の独断で実行に移された。

だが、薩摩兵は軽装のうえ、最新の銃砲を携帯しており、新選組は神社に近づくも、敵の小銃隊に翻弄《ほんろう》され、あっけなく撃退されてしまったのである。もはや、刀が通用する時代ではなくなっていたのだ。

結局、伏見奉行所は焼失し、その後数日間、新選組は幕府軍とともに各地を転戦するが、勝利することなく敗退を重ねていった。

この戦いで、新選組は三十名近い死傷者を出したといわれる。とくに、古株の井上源三郎《いのうえげんざぶろう》が討死したのは、新選組にとっては大きな痛手だった。探索方で活躍した古参の山崎烝《やまざきすすむ》も瀕死の重傷を負い、まもなく死没した。また、沖田総司《おきたそうじ》もこのころ持病の結核が悪化し、戦いに参加できないほどの病状になってしまい、まもなく死を迎える。こうして歴戦の兵《つわもの》たちが、次々と現世を離れ、新選組の全盛期が終わりを迎えることになったのである。

第三章

平清盛が厳島神社を尊崇した真意とは何か

清盛の意外なコンプレックス

安芸《あき》国の宮島《みやじま》にある厳島《いつくしま》神社は、神社の伝承によれば、推古《すいこ》天皇の時代に創建されたとされる。ただ、瀬戸内海における航行の安全をはかるため、美しい山容を持つ宮島が、神としてあがめられるようになったのは、おそらく原始時代からだろう。

厳島神社が平清盛《たいらのきよもり》ら平家一門の厚い尊崇《そんすう》をうけたのはよく知られているが、確かに清盛の時代、神社には平氏から莫大な寄進がなされ、社殿は一気に拡大した。歴代、佐伯《さえき》氏が厳島神社の神職をしていたが、このときは佐伯景弘《かげひろ》が統括していた。このため景弘は、都落ちした平氏に加担して壇ノ浦《だんのうら》の戦いに参加した。面白いことに、戦後生き残った景弘は、海に沈んだ草薙剣《くさなぎのつるぎ》の探索を朝廷から命じられている。

それにしてもどうして清盛は、この神社を厚く信仰することになったのだろうか。

その理由については、清盛自身が厳島神社に奉納した長寛《ちようかん》二年（一一六四）の平家納経《のうきよう》の願文《がんもん》に、次のように記されている。

「一人の沙門《しやもん》（僧侶）が私に、『菩提《ぼだい》を願う者は、この厳島神社を信仰すれば、必ず効験《こうけん》がある』とすすめてくれた。そこで、その言葉に従ってひたすら厳島神社を信仰してみたところ、言われた通りになり、平家一門が繁栄し、自身も栄華を得ることができた」

では、誰がいつ清盛に信仰をすすめたのか。これについては複数の伝説があるが、たとえば『古事談《こじだん》』では次のように語られている。

清盛が安芸国の受領《ずりよう》（国司）をつとめていたとき、高野山《こうやさん》の大塔の修理を命じられた。清盛はこのおり、自身も現地へ赴いて修理に用いる材木を運んでいたが、あるとき突然、清盛の前に香染《こうぞめ》の僧侶が現われ、清盛に向かい「日本の大日如来《だいにちによらい》（仏教の最高仏）は、伊勢神宮と安芸の厳島神社である。おまえは、たまたま安芸国の国司である。ただちに厳島に奉仕せよ」と言ってきたのだ。いぶかしく思った清盛は、「あなたは誰だ」と問うた。

するとその僧は、「私は奥の阿闍梨《あじやり》という者だ」と答え、そのままかき消えてしまったという。

　これに驚いた清盛が、さっそく安芸の厳島神社に参拝したところ、神がかった巫女《みこ》が「なんじは、従一位《じゅいちい》太政《だいじょう》大臣になるだろう」と告げたといい、実際、その予言は実現することになったのだと『古事談』は記す。『平家物語』にも、話の内容は違うものの、そのきっかけは高野山の大塔修理だったとある。やはり、この修理が何らかのきっかけとなったようだ。

　平清盛が厳島神社を心から尊崇していたのは事実である。わかっているだけでも、清盛自身が厳島神社に参詣したのは十回に及ぶ。おそらく記録が残っていないものを含めたら、倍近くはあるのではないか。

　その十回を列記してみると、永暦《えいりゃく》元年（一一六〇）八月、仁安《にんあん》二年（一一六七）二月、仁安二年九月、承安《じょうあん》四年（一一七四）三月、承安四年十月、治承《じしょう》元年（一一七七）十月、治承三年正月、治承三年六月、治承四年八月、治承四年十月である。

　清盛が自ら参拝するのは、自分自身が栄達したときが多い。たとえば、仁安二年二月の参拝の前、清盛は太政大臣の地位にのぼっている。また、娘の徳子《とくし》

厳島神社の鳥居

が安徳《あんとく》天皇を生んだときも、それから二ヵ月後の治承三年正月に厳島神社へ出向いている。

なお、治承四年中の二度の参詣は、これまでとは趣旨の異なる参詣である。そう、以仁王《もちひとおう》や源《みなもとの》頼朝《よりとも》が挙兵するなど、源平の争乱が始まってしまったので、なんとかこの反乱を制圧できるよう祈願するために参拝したのだろう。

清盛は自ら参拝せず、一族に代参を命じることも少なくなかった。徳子の妊娠が判明すると、治承三年に平重衡《しげひら》を使いとして厳島神社へ派遣し、安産を祈念させている。信仰は清盛だけでなく、平氏一門にも広く及んだ。

たとえば平頼盛《よりもり》（清盛異母弟）は、自分の大切にしてきた仏舎利《ぶっしゃり》を夢のお告げにしたがって厳島神社に奉納している。このときの寄進状には、「厳島神社は日本無双の霊神で、日本一の鎮守《ちんじゅ》である。人々が願をかければたちまちに叶う。誰がこのすばらしい神社を信仰しないことがあるだろうか」とベタぼめした文言がちりばめられている。仁安三年には、頼盛は我が子の保盛《やすもり》を連れ、休暇届けも出さないで厳島神社へ参拝しており、これがために役職を首になってしまっているほどだ。

このほか、平氏一門の参拝記録は数知れない。清盛は、一門以外にも後白河《ごしらかわ》法皇や高倉《たかくら》上皇、貴族たちに盛んに参詣をすすめ、一躍厳島神社は、日本を代表する神社となったのである。これほど清盛が厳島神社をあがめた背景には、貴族名門に対するコンプレックスがあったと思われる。藤原氏（摂関家）の興《こう》福寺《ふくじ》と春日大社《かすがたいしゃ》に見られるように、皇族や貴族には古くからの菩提寺や氏神《うじがみ》があった。成り上がり者の清盛としては、厳島神社をそうした存在にしたかったのだろう。さらに清盛は、厳島神社を鎮護《ちんご》国家のための神社にしようという構想を持っていたようだ。だが、その構想は、自らを国家の守護者と任じている比叡山延暦寺《ひえいざんえんりやくじ》や奈良の興福寺などの反発を招く結果になった。

清盛と寺社の対立を招いた異例の行幸

さて、清盛は保元《ほうげん》・平治《へいじ》の乱に勝って、唯一の軍事力として後白河法皇のもとで栄達し、ついに武士としてはじめて朝廷の最高職である太政大臣の地位にのぼった。それに応じて平氏一門も高位高官に登用されていった。こうした状況を危惧《きぐ》した後白河法皇の近臣たちが、密かに平氏打倒に動き始めた。これを察知した清盛は、安元《あんげん》三年（一一七七）反対派を捕らえて処罰した。世にいう鹿ケ谷《ししがたに》事件である。

これによって清盛と後白河の関係は冷え切ってしまう。翌年、清盛の娘・徳子が高倉天皇との間に男児をもうけた。後の安徳天皇である。清盛は安徳を皇太子としたが、これにより外戚《がいせき》の地位を得たわけだ。外戚となれば、摂関職《せっかん》に就いて政治を握ることができる。

かくして治承三年（一一七九）十一月、清盛は拠点にしている福原《ふくはら》（現在の兵庫県神戸市）から数千騎を引き連れて京都へと向かった。いよいよ実力で政権を奪おうというのだ。嫡男の宗盛《むねもり》はのんきに厳島神社へ参拝しようとしていたが、それを召し返し、途中で合流して十四日に入京し、西八条第《にしはちじょうてい》（妻の時子《ときこ》が住んでいた屋敷）に入った。驚いた後白河は、僧の静憲《じょうけん》（信西の子）を西八条第の清盛のもとに派遣し、今後は一切政治に関与しないことを誓ったが、清盛はおさまらなかった。

まずは関白の藤原基房《もとふさ》に牙を剝いた。基房は、平盛子《もりこ》（清盛の娘）の夫である前関白基実《もとざね》の弟であったが、この頃、後白河と結んで平氏に対抗するようになっていた。そこで清盛は基房の関白職を解いたのである。関白が解任されるのは、日本史上はじまって以来の出来事。しかも、免官にしたのは武士出身の清盛なのだ。これを知った右大臣藤原兼実《かねざね》（基房の弟）は「天を仰ぎ、地に伏す。なおもって信受せず。夢か夢にあらざるか、弁《わきま》え存ずところなし」と日記に書き留めた。貴族の受けたショックがよくわかる。

十六日には、後白河が解任した明雲《みょううん》を天台座主《てんだいざす》に復帰させて比叡山延暦寺と

平清盛（『清盛日を呼び戻す図』、国立国会図書館所蔵）

の融和をはかり、翌十七日、太政大臣の藤原師長《もろなが》、権大納言《ごんのだいなごん》の源資賢《すけかた》をはじめ、後白河派の貴族や院近臣《いんのきんしん》たち三十九名を解任した。清盛は空位になった官職に平家一門を入れ、後白河方の知行《ちぎょう》国や荘園の多くを自領とした。これにより、平氏の所領は全国の半分を超えるほどになった。後白河もただちに院政を停止され、二十日、その身柄を法住寺殿《ほうじゅうじでん》から鳥羽殿《とばどの》（鳥羽法皇の晩年の邸宅）に移され、厳重な監視下に置かれた。こうして平氏政権が樹立されたのである。

クーデターで政権を握った平清盛

だが、自分は福原に引っ込み、政治は十九歳の高倉天皇が二十二歳の関白藤原基通《もとみち》（基実の子。継母が清盛の娘・盛子）の補佐を受けて行うことになった。だが、高倉は病弱であり、基通は参議や大納言など公卿《くぎょう》として政治に携わった経験はなく、いきなり清盛のつてで関白に抜擢《ばってき》されたのであり、いわば政治の素人だった。だから摂関家の家司《けいし》をしていて、娘を基通に嫁がせていた平信範《のぶのり》はその日記『兵範記《へいはんき》』で基通について、「日頃籠居《ろうきょ》（家の中に引き籠もっていた）の人、にわかに重任に居し、ことごとに惘然《もうぜん》（呆然《ぼうぜん》としてしまって）、すべなし（どうしてよいかわからない）」という状態になってしまっていると嘆《なげ》いている。

平氏の総帥となった平宗盛も善人ではあるが、政治的老練さはない。しかもこの時期は妻を失ったショックで、政務には消極的な姿勢を見せていた。

当初は福原にいて重要な政策だけ関与しようとしていた清盛だが、結局、彼らに頼られてしまい、表に出ざるを得ない状況になっていく。

翌治承四年二月、高倉天皇が数えで三歳の言仁《ことひと》親王に譲位した。こうして清盛の孫である安徳天皇が誕生したのである。おそらく清盛も感無量だったろう。政治の素人基通は、今度は安徳天皇の摂政として補佐することになった。

また、上皇となった高倉が院庁《いんのちょう》を設置、治天の君として政務をとることになった。院近臣には、平氏方の貴族たちが任命された。

高倉上皇は、退位して最初に参拝する神社として清盛が崇敬する厳島神社を選んだ。それは異例なことであった。一般的には、京都周辺の有名な神社に詣でるのが慣例となっていたからだ。もちろん、高倉の厳島行幸は清盛の強い意向であった。じつは前年、清盛は厳島神社を伊勢神宮、石清水《いわしみず》八幡宮、日吉《ひえ》神社、春日大社など二十二社と同様の格にしようとしたのだが、延暦寺や興福寺の反対にあって断念していた。だからそのリベンジだったと思われる。

だが、この事実を知った延暦寺は、「我が天台宗の守護神が鎮座する日吉神社に行幸すべきだ」と蜂起《ほうき》した。いっぽう園城寺《おんじようじ》と興福寺は、高倉上皇が厳島へ向かう途中で拉致《らち》しようという計画を立てた。これを知った平宗盛は、高倉と後白河の屋敷の警備を厳重にし、行幸を延期して福原にいる清盛の判断をあおいだ。だが、清盛の判断で、数日遅れで厳島への行幸は断行されたのだった。

のちに延暦寺や興福寺は平氏と対決することになるが、じつはその遠因の一つに清盛の厳島神社への信仰が関係していたのである。

滅亡した平家が厳島に残したもの

現在の厳島神社は、海に浸《ひた》る朱色の大鳥居、廻廊《かいろう》で結ばれた海上社殿などが有名だが、これらは清盛時代の建物ではない。たびたびの火災によって当時の建物は灰燼《かいじん》に帰してしまっている。また、台風などの水害の被害も何度も受けた。しかし神社には、再建された鎌倉時代から江戸時代のすばらしい建物が多く残っている。現在は本殿や幣殿《へいでん》、拝殿などの建造物群のうち、六棟が国宝に指定されているし、十一棟が重要文化財だ。ちなみに海に突き出た廻廊の床板は一間に八枚敷かれており、釘《くぎ》を用いていない。しかも板と板の間がけっこう開いていて、高潮や台風のときに波の力を低減する仕組みになっている。

平成八年(一九九六)、そんな歴史ある建造物を多く所有する厳島神社は「世界文化遺産」として登録された。

鎌倉時代後半から戦国時代にかけて社殿が荒廃していた期間もあり、とくに戦国時代には、神社がある宮島で厳島合戦がおこなわれた。これに勝った毛利《もうり》元就《もとなり》が神社を庇護《ひご》したことで、厳島神社は再び繁栄を取り戻した。元就は、大軍の陶晴賢《すえはるかた》に勝つことができたのは、厳島神社の神様のおかげだと信じていたのだ。

豊臣秀吉も厳島神社に参詣して武運長久を祈願している。さらに江戸時代以降は、観光名所として繁栄した。

国宝として平家納経があるが、これは、平清盛ら平家一門が厳島神社に奉納した装飾経のことである。

装飾経とは、さまざまな色に染めたり、金銀の箔《はく》を散らしたりした紙の巻物にお経を書いたもの。写経の文字に金色や銀色をもちいることもある。奈良時代から装飾経は存在するものの、大流行したのは清盛の時代である。平家納経のほか、代表的なものとして奥州《おうしゅう》の藤原清衡《きよひら》が中尊寺《ちゅうそんじ》に奉納した中尊寺経が知られている。

さて、平家納経は長寛二年九月、清盛は一族の繁栄を願って厳島神社に『法《ほ》華経《けきょう》』二十八巻、『無量義経《むりょうぎきょう》』一巻、『観普賢経《かんふげんぎょう》』一巻、『般若心経《はんにゃしんぎょう》』一巻、

『阿弥陀経《あみだきよう》』一巻、さらに自筆の願文一巻、あわせて三十三巻の装飾経を奉納したのである。これらは三十二巻のお経については、清盛をはじめ、重盛《しげもり》、経盛《つねもり》、教盛《のりもり》、頼盛《よりもり》といった平氏一門三十二人が、それぞれ分担をきめて作成したといわれる。

ただ、『般若心経』については仁安元年（一一六六）の年号のある奥書があり、後に差し替えられたようだ。あるいは、すべての巻が長寛二年に成立したのではないとする説もある。

清盛の願文には、「厳島神社というのは、四面を美しい海に囲まれ、その霊験はすばらしいものがある。私がこの神社を信仰して以来、一族が繁栄し、この世での願いが実現した。きっと来世の妙果《みようか》も期待できるはず。ゆえに、その報恩として一族がそれぞれ装飾経をつくり、神社の宝殿に安置する」といった趣旨のことが記されている。

現在に残る平家納経は、一巻ごとにすべて装飾や紙や絵、軸、ひもが異なっている。巻物に用いられている金具は、まことに精巧な透かし彫り、軸の端には水晶に透かし彫りの金具がついている。また、螺鈿《らでん》の技法も用いられ、各巻の見返しには、優美なさまざまな絵や文様がほどこされている。

とくに十羅刹女《じゅうらせつにょ》という法華経を護持する鬼神は、右手に剣、左手に水瓶《すいびょう》を持ちつつも、十二単衣《ひとえ》を身につけた美しい女性の姿に描かれている。

まさに平家納経は、平安時代末期の絵画・工芸・書道の最高水準をかたちにしたものといえるのだ。なお、この平家納経は、昭和二十九年（一九五四）に国宝に指定されている。

平家はあっけなく滅んでしまったが、そんな滅び去った一族の遺物を、現代の私たちが目にできることに、何ともいえない不思議さを感じる。

コラム2 沖田総司の死没に関する諸説と今戸神社

京都で結核を発病し、江戸に戻ってきた新選組の沖田総司は、慶応四年（一八六八）五月に入ると、自力で起きあがることができなくなった。すでに局長の近藤勇《こんどういさみ》は、四月に板橋で刑死していた。だが、見舞いに来る者は総司を気遣って、その事実を伝えなかった。だから総司も、「近藤先生はどうされたのだろう、おたよりは来ませんか」と死ぬまで心配していたという。子母沢寛《しもざわかん》の『新選組物語』には「離れ座敷で病みぼうけて死んだ」とある。どうやら死の数日前から、結核菌に脳をおかされたらしい。

総司の寝ている離れ座敷は、庭に面して粗末な縁側がついていた。障子を開けておくと、どこからともなく黒猫が遊びにやってくる。ところが、あるとき総司は、看護の老婆を呼んで枕元の愛刀菊一文字《きくいちもんじ》を取らせ、刀を杖《つえ》にして立ち上がるや、黒猫に近づいて凝視《ぎょうし》した。が、しばらくして床に崩れ落ち「婆さん、俺にはあの黒猫が斬れないよ」と呻《うめ》いて昏倒《こんとう》したという。

それから数日後、総司は死去した。享年二十七歳（異説あり）。末期《まつご》の言葉は「婆さん、あの猫は来てるだろうなあ」だったという。京都の志士たちを震え上がらせた剣士の、哀れな最期であった。

ところで、総司が没した地には二説ある。千駄ヶ谷の植木屋平五郎方と浅草の今戸《いまど》八幡宮である。千駄ヶ谷のほうはビルが建ち並ぶ一角にあり、往時の面影はない。

いっぽう今戸八幡宮（現・今戸神社）は、境内の巨木が幕末を感じさせてくれる。総司を診察していた幕府の医学所頭取・松本良順《まつもとりょうじゅん》は、今戸八幡宮社司の屋敷に引っ越し、総司も医学所からここへ移り、そのまま亡くなったとする証言があり、神社入口には「沖田総司終焉の地」という看板が設置されている。

ただ、境内に入ると、神社にそぐわないものが多い。テーブルと椅子がいくつも置かれ、洋風庭園のような一角が存在するのだ。また、縁結びの神として人気があるようで、「縁」と「円」をかけたのか、まん丸な絵馬があちこちに掛かる。

さらに社殿には、巨大な二匹の招き猫が鎮座している。

そもそも「招き猫」は、今戸八幡宮の近隣に住む老婆が、幕末に片手をあげた猫人形をつくって売り出したところ人気になり、全国へ広がったのだという。そんなことから今戸神社は、招き猫発祥の地を自称する。また、この地では今戸焼と称して土器や瓦《かわら》を造るようになり、江戸時代末には多くの今戸焼職人が軒《のき》を連ねたため、今戸焼発祥の地碑も境内にある。

第四章

なぜ源頼朝は鶴岡八幡宮を信仰し、鎌倉に幕府を開いたか

鶴岡八幡宮の創建と源氏との関係

鶴岡八幡宮《つるがおかはちまんぐう》は、源頼義《よりよし》が奥州（東北地方）の安倍《あべ》氏の乱（前九年合戦）を鎮《しず》めたとき、その拠点であった鎌倉に戻って、父の頼信《よりのぶ》の代から深く崇拝していた都の石清水《いわしみず》八幡宮を勧請《かんじょう》したのがはじまりである。それは、康平《こうへい》六年（一〇六三）のことだと伝えられる。

源頼義は、桓武平氏と並ぶ清和源氏（武士団）の棟梁《とうりょう》である。安倍氏が奥州で反乱を起したとき、相模守《さがみのかみ》（神奈川県の長官）から陸奥守《むつのかみ》（主に東北の太平洋側を統括する国司）兼鎮守府《ちんじゅふ》将軍に抜擢され、朝廷の命で息子の義家《よしいえ》とともに乱の鎮圧に向かった。

そんな頼義は、若い頃から京都の石清水八幡宮を深く崇拝していたが、あるとき同社に参籠《さんろう》したさい、霊夢の中で神から一振りの剣を与えられた。ふと目が覚めると、本当に小剣がすぐ脇に置いてあり、喜んだ頼義はそれを家宝とした。ちょうどこの時期、妻（平直方《なおかた》の娘）が身ごもり、長男の義家が誕生した

源義家(『武者无類外ニ三枚続キ画帖』、国立国会図書館所蔵)

といわれている。

頼義は、信仰する石清水八幡宮の社頭において義家の元服式を執行した。やがて義家は、弓馬にすぐれた武人に成長し、射た矢は決して外れることがなかったという。安倍氏の乱でも父の頼義を助けて神のごとき活躍を見せた。これを目にした安倍貞任《さだとう》は、敵ながらあっぱれだと思ったのか、義家のことを石清水八幡宮の神の化身だとして「八幡太郎」とたたえたという。

このように、石清水八幡宮は、源氏にとっては大変ゆかりの深い神社なのだ。だからこそ頼義は、安倍氏の乱を平定すると、父の頼信から譲り受けた拠点・鎌倉の地に同社を勧請したのである。

当初、鶴岡八幡宮は由比ヶ浜におかれたが、それを現在の場所（当時の小林郷北山の地）に移したのは源頼朝である。いうまでもなく頼朝は、鎌倉幕府の創設者である。

頼朝は、源義家を曽祖父とする源氏の棟梁・義朝《よしとも》の子として生まれた。だが、父の義朝が平治の乱で平清盛に敗れると、父に従って東国へ逃れようと東坂本から勢多《せた》（現・滋賀県大津市瀬田）へ落ちていった。しかし疲労のため、十三歳の頼朝は馬に乗ったまま眠りこけ、一行とはぐれてしまう。そして関ヶ原あたりをうろうろしていたところを、平氏方の武士に捕まってしまったのだ。

しかし、運良く平清盛に一命を許され、伊豆の蛭《ひる》ヶ《が》小島《こじま》に流されたのである。

流人の頼朝を監視するのは、北条時政《ほうじょうときまさ》の役目だった。北条氏は平直方の流れをつぎ、代々伊豆国の在庁官人《ざいちょうかんじん》（現在の地方公務員のようなもの）の家柄だった。頼朝は以後、十九年もの月日を清盛から赦免《しゃめん》されることなく、北条氏の監視のもとで過ごすことになる。配所での頼朝は、写経や読経に明け暮れる毎日を送っていた。ただ、監視の目は次第に緩やかになり、頼朝は時政の目を盗んで娘の政子《まさこ》と男女関係を結んでしまう。

時政は驚き、平氏の目代《もくだい》（役人）・山木兼隆《やまきかねたか》に政子を嫁がせようとした。これを知った頼朝は、輿入れの直前、政子に対し「伊豆山権現で待っている。山木の館から逃げてこい」と告げる。すると政子は、伊豆山権現までの二十キロの道のりを、深夜、嵐の中一人きりで駆け、頼朝の懐に入ったのである。この情熱に負け、ついに時政も頼朝との結婚を許したという。この判断が、後に北条氏に幸運を呼ぶことになる。

治承四年（一一八〇）、平氏打倒を呼びかけた以仁王（後白河法皇の皇子）の令旨《りょうじ》をうけ、頼朝もついに兵をあげた。いったん石橋山《いしばしやま》の戦いで敗れた頼朝だったが、房総半島に逃れて勢力を培い、多くの関東武士を味方につけ、同年十月六日に鎌倉の地に入った。頼朝が鎌倉を拠点としたのは、先述のとおり、この場所が頼朝の先祖・源頼信の居住地であり、その子・頼義が京都の石清水八幡神（源氏の氏神）を分霊した源氏ゆかりの地であったからだ。そのうえ鎌倉は、三方を山に囲まれた要衝であるうえ、風水（陰陽道《おんみょうどう》）の相も最高であった。

鎌倉入りの翌日、頼朝は鶴岡八幡宮を遥拝し、それから五日後の十二日に由比ヶ浜にあった八幡宮を小林郷の北山へ遷すよう命じた。そして翌養和《ようわ》元年（一一八一）から立派な木材を取り寄せ、浅草から名工を招いて社殿の建設を開始させ、七月二十日には上棟《じょうとう》式を挙行した。頼朝も式典に参列したが、その帰途、後をつけてくる怪しげな男が逮捕された。左中太《さちゅうだ》という人物で頼朝を暗殺する機会を狙っていたのだ。頼朝は「自分が無事だったのは八幡神のお陰だ」とますます信仰を深めることになったという。八月十九日、遷宮が挙行された。

平氏追討の祈禱、静御前の舞、西行との語らい

　翌養和二年（一一八二）三月に妻の政子の妊娠がわかり、大いに喜んだ頼朝は由比ヶ浜から鶴岡八幡宮に真っ直ぐに続く若宮大路《わかみやおおじ》に、その安産を祈願して段葛《だんかずら》と呼ばれる堤を築いた。さらに翌月には、鶴岡八幡宮の前面の水田を池にした。これが現在の源平池である。五月十五日には、その池に朱塗りの橋が架けられた。

　このように妻思いに見える頼朝だが、政子が出産のために実家に戻っている最中、浮気に励んでいたのだ。相手の名を亀ノ前《かめのまえ》といい、彼女に惚れた頼朝は、家人の伏見広綱《ふしみひろつな》の屋敷に亀ノ前を住まわせて頻繁に通っていた。

　出産を終え、赤子（長男の頼家《よりいえ》）を連れて御所（頼朝の屋敷）に戻ってきた政子は、十一月に浮気の事実を知る。すると政子は、義理の叔父にあたる牧宗親《まきむねちか》に亀ノ前がいる広綱の屋敷を破壊させたのである。仰天した広綱は、亀ノ前を連れて大多和義久《おおたわよしひさ》のもとに逃げ込んだ。この措置に頼朝は激怒し、屋敷を壊し

た宗親の髷《まげ》を切り落としたのである。

政子はこれを実父の時政に言いつけた。娘を侮辱された時政は、一族を連れて鎌倉から伊豆へ引き上げてしまう。これから平氏を打倒しようとしていた頼朝にとって、側近中の側近にそっぽを向かれるのは大打撃である。そのため、結局、頼朝と政子は仲直りをすることになったようである。

その後、頼朝は東国の支配権をもらう代償として、朝廷の求めに応じて弟の範頼《のりより》と義経《よしつね》に大軍をつけて西国へと差し向けた。一ノ谷《いちのたに》合戦で勝利を得た源氏軍だが、平氏が勢いを盛り返すと、元暦《げんりやく》元年（一一八四）二月、頼朝は鶴岡八幡宮に詣で、鎌倉中の僧侶を集めて平氏追討の祈禱をおこなわせている。その甲斐あってか、源氏軍は屋島《やしま》の戦いを経て、壇ノ浦《だんのうら》の戦いで平氏を滅亡させた。この戦いで大活躍したのが源義経であった。

そんな功労者だったのに、義経が平氏の捕虜を連れて凱旋《がいせん》帰国してきたとき、頼朝は鎌倉へ入れずに追い返してしまったのである。勝手に朝廷から官位をもらったことに怒ったのだ。義経も兄のやり方を恨み、京都に戻って後白河法皇に乞い、頼朝追討の院宣《いんぜん》（命令）を出してもらい挙兵したのである。

これに頼朝は激怒し、文治元年（一一八五）十月、大軍で攻め上る態勢をとり、舅の北条時政に千の兵をつけて上洛させた。時政が入京したとき、すでに義経は行方をくらましていたが、時政は後白河が発した頼朝追討の院宣を激しく難詰《なんきつ》、逆に義経追討の院宣を出させたうえ、全国に守護《しゅご》・地頭《じとう》と称する頼朝政権の地方役人を置くことを認めさせた。

守護とは、各国の警察権を司る職、地頭とは公領や荘園に置かれ、治安維持、土地の管理、年貢の徴収を請け負う職であり、これらが各地に設置されることにより、頼朝の影響力は一気に全国に拡大する。同時に頼朝は、全国から兵糧米を徴収する権利も獲得した。さらに、後白河に迫って藤原基通に代えて九条兼実《くじょうかねざね》を摂政にすえるなど、朝廷の人事改革を断行させた。近年はこの文治元年を武家政権としての鎌倉幕府の創立と考える学者も多い。

翌年三月、静御前《しずかごぜん》が鎌倉に護送されてきた。静は義経の愛人であり、白拍子《しらびょうし》といって舞のプロであった。一目彼女を見たいと思ったのか、頼朝は妻の政子とともに鶴岡八幡宮に静を連れてこさせ、廻廊で舞をまわせた。すると静はこのとき、義経を慕う歌をうたったのである。

八幡に参詣する源頼朝(『頼朝公八幡参詣之図』、国立国会図書館所蔵)

これを耳にした頼朝は、「場所をわきまえぬ女め。本来なら幕府の繁栄を祝う歌をうたうべきを、けしからぬ！」と激怒した。しかし隣にいた政子は、頼朝を思って自分が駆け落ちしたことや、石橋山合戦に敗れた頼朝をいかに心配したかを述べ、頼朝の怒りを鎮めたという。冷静さを取り戻した頼朝は、静に引き出物として衣を贈ったと伝えられる。

この年の八月、頼朝が鶴岡八幡宮に来ると、大鳥居のところで老僧に出会った。只者《ただもの》ではないと直感した頼朝は、すぐさま名を尋ねさせたところ、有名な西行《さいぎょう》法師であった。そこで頼朝は、彼を屋敷に招いて長い間語り合った。歌道についてではなく、なんと、流鏑馬《やぶさめ》(武士の騎射訓練)についてであった。西行がかつて北面《ほくめん》の武士（上皇の親衛隊）だったからだろう。

ただ、しばらくすると西行が立ち去ろうとするので、頼朝は銀でできた貴重な猫像を贈った。西行はそれを受け取ったものの、門の外へ出ると、遊んでいた子供に銀の猫をあげてしまったという。世俗から離れた身に、そんなものは何の価値もないからである。

建久《けんきゅう》二年（一一九一）三月三日、この日は鶴岡八幡宮で流鏑馬や相撲などの祭りがあり、頼朝も参詣したが、広田次郎邦房《ひろたじろうくにふさ》という御家人が「明日、鎌倉が大火に見舞われ、鶴岡八幡宮も幕府も焼失するだろう」と予言したのである。戯言《たわごと》だといって誰も相手にしなかったが、翌日、本当に火事が発生、強風のため大火となり、鶴岡八幡宮は燃えてしまった。六日、全焼した八幡宮の礎《そ》石《せき》を見て、頼朝はこれを拝んで涙したという。

だが、鶴岡八幡宮はそれからわずか数カ月後に再建された。翌年七月、頼朝は征夷大将軍に任じられることとなり、鶴岡八幡宮で勅使《ちょくし》からその旨を伝達されたのである。

このように鶴岡八幡宮は、頼朝にとって心のよりどころであり、頼朝の死後も鎌倉幕府の精神的支柱となった。

八幡宮で起きた、将軍暗殺事件の真相は……

そんな鶴岡八幡宮において、承久《じょうきゅう》元年(一二一九)一月二十七日に幕府を揺るがす大事件が勃発する。三代将軍源実朝《さねとも》(頼朝の次男)が、鶴岡八幡宮において暗殺されてしまったのである。

この日は、七十センチを超える雪であったが、実朝は降りしきる雪の中、午後六時に屋敷を出発し、主たる御家人と都から下ってきた貴族らを率いて鶴岡八幡宮へ向かった。右大臣に任じられたことを八幡神や先祖に感謝する拝賀《はいが》の儀式を挙行するためである。

右大臣という地位は、権大納言までしか昇らなかった父の頼朝をはるかにしのぐ高位であった。しかし、政治の実権は握れなかった。親政をおこなおうとしても、母方の北条一族の力が強すぎたからだ。和歌や蹴鞠《けまり》に熱中したのも不満からかもしれない。建保《けんぽう》五年(一二一七)には、宋(中国)の職人・陳和卿《ちんわけい》に大船をつくらせ、周囲の反対を押し切って宋へ渡ろうとしている。船が水に浮かばす、夢は失敗に終わるが、将軍職に未練を持っていなかったことがよくわかる。

研究者の坂井孝一《さかいこういち》氏によれば、子供に恵まれなかった実朝は、敬愛する後鳥羽上皇の子を迎えて将軍とし、自らが親王将軍の後見となることで存在感を維持し、将軍という立場から解放されて自由にふるまおうとしたのだという（『源実朝――「東国の王権」を夢見た将軍』講談社選書メチエ）。

いずれにせよ、実朝が拝賀の儀式を終え、社殿からの階段をくだっていたとき、階段脇の大銀杏《おおいちょう》の陰より若者が躍り出し、実朝に斬りかかり首を奪って遁《とん》走《そう》したのである。

にわかの出来事に周囲は騒然となった。犯人は前将軍・頼家（実朝の実兄）の遺児・公暁《くぎょう》であった。公暁は正治《しょうじ》二年（一二〇〇）に生まれ、有力御家人の三浦義村《みうらよしむら》の妻を乳母としたと伝えられる。父が失脚したことから六歳で鶴岡八幡宮の別当《べっとう》・尊暁《そんぎょう》のもとに入り、十二歳で出家して園城寺の僧侶となった。そして建保五年（一二一七）に鎌倉に戻り、鶴岡八幡宮の別当に就任したのである。

しかし任官後すぐに、千日の参籠だといって、髪も切らずに堂内で祈禱し続けた。人々はこうした行動を奇妙に思ったというが、結局、突然この凶行に及んだのである。

公暁が実朝を殺そうとしたのは、「実朝は、お前の父を陥れて将軍の地位を奪ったのだ」と誰かに吹き込まれたからだという説があるが、先の坂井氏は、公暁は参籠して実朝を呪詛《じゅそ》し、彼が死んだあと、自分が将軍になれると思っていたが、親王将軍が現実味をおびてきたので、焦《あせ》って実力行使に出たのだと推測している。

「親の敵はかく討つぞ」と叫んで実朝を殺害した公暁は、すぐに実朝の首を切り落とした。続いて公暁の一味数人が飛び出し、剣を捧《ささ》げ持っていた武士を切り殺した。公暁はそのまま現場から逐電《ちくでん》し、備中阿闍梨《びっちゅうあじゃり》の雪ノ下《ゆきのした》にある屋敷にかくまってもらった。が、そこで食事をとっている最中も、実朝の首を手元から離さなかったというから、異常である。

やがて公暁は、北条義時《よしとき》に次ぐ実力者で乳母夫《めのとぶ》の三浦義村に「実朝亡き後、将軍になるのはこの私だ。その件で相談したい」と連絡をとった。

義村はこれに応じるふりをして公暁をおびき出し、殺害してしまったのである。

こうして事件は収束したが、じつは公暁をそそのかしたのは義村だという説がある。事件のさい、公暁一味は将軍の帯剣を捧げ持つ武士も殺害している。当日この役を担当していたのは、北条義時であった。が、事件直前、気分が悪くなったと言って源仲章《なかあきら》と交替している。義時の生存を知った義村は、北条氏からの政権奪取をあきらめ、口封じのため公暁を葬ったのだという。いっぽう黒幕は北条義時だとする説もある。

いずれにせよ、三代将軍源実朝は、源氏の精神的支柱というべき鶴岡八幡宮において、哀れな最期を遂げ、これにより源氏将軍の血筋は完全に途絶えてしまったのである。皮肉なことである。

なお、公暁は拝殿へ向かう階段脇の銀杏の陰に隠れていたというが、残念ながらその銀杏は、平成二十二年（二〇一〇）三月十日、強風のために根元から倒壊してしまい、多くの人々にショックを与えた。だが、大木は枯れることなく、根本から若芽が生え、いまも生長を続けている。

コラム3 三囲神社と三井財閥

東京都墨田区向島《むこうじま》に三囲《みめぐり》神社が鎮座する。

この三囲神社は、あの三井《みつい》グループ（三井財閥）を創設した三井氏の守り神として厚く保護されてきた。

よく知られているように伊勢松坂《まつさか》の商人・三井高利《たかとし》が江戸に出て越後屋《えちご》という呉服屋を開き、革命的な商法によって店を発展させ、さらには両替商でも成功する。越後屋はのちの三越《みつこし》、両替商は三井銀行（現・三井住友銀行）へとつながっていく。

三井家が三囲神社の稲荷神を守護神としたのは、享保《きょうほう》年間（一七一六～一七三六）のことである。ちょうど三井本店のある本町から鬼門（東北の方角）にあたるからだという。また、三囲という文字が、三井の「井」を囲んで守っているので縁起がよいと考えたようだ。

境内には三井一族（合計十一家の当主夫妻）百二十柱の霊が祀られた顕名《あきな》霊社も鎮座している。そう聞くと、なんだか同社を参詣するだけで、本当に福徳にあやかれそうな気持ちになってくる。

また三囲神社には、七福神のうち大黒天と恵比寿の二神が安置されている。

石造りのりっぱな鳥居をくぐると、境内奥に本殿が見えるが、左手に一棟の建物があり、そこに二神が鎮座しているのだ。もともと大黒天はインドの戦闘神であったのが、中国へ来て台所の神となり、さらにそれが日本へ移って大国主《おおくにぬし》と合体、農産・福徳の神となるという複雑な変遷をみせた。

恵比寿は大漁の神といわれ、漁民の信仰があつく、左手に鯛、右手に釣り竿を持つ姿で有名だろう。毎年正月には七福神は開帳され、拝観することができる。

三囲神社の境内には、驚くほど石碑が多い。なかでも自然石に刻まれた

『其角《きかく》雨乞の句碑』は、なかなかりっぱだ。

ゆふだちや　田を見めぐりの　神ならば

そう彫られている。これは、松尾芭蕉《まつおばしょう》の高弟・其角が詠んだ俳句である。たまたま其角が吉原へ遊びに行く途中、同社を通過しようとすると、日照りに困った村人たちが雨乞いをしている光景に出くわした。そこで同情した其角が、村人のためにこの句をささげると、翌日はなんと雨になったという。そんな伝承から来ている。

雨乞碑の奥には、老翁老媼《ろうおうろうおう》の石像がある。元禄《げんろく》時代、ここに住んで自在に狐を手なずけていた老夫婦がモデルで、彼らが呼ぶと突如狐が姿を現わし、願い事を聞いて消えたという。夫婦像は、赤いよだれかけに、赤い毛糸帽をかぶるが、目が狐のごとくつり上がっていてちょっと不気味だ。

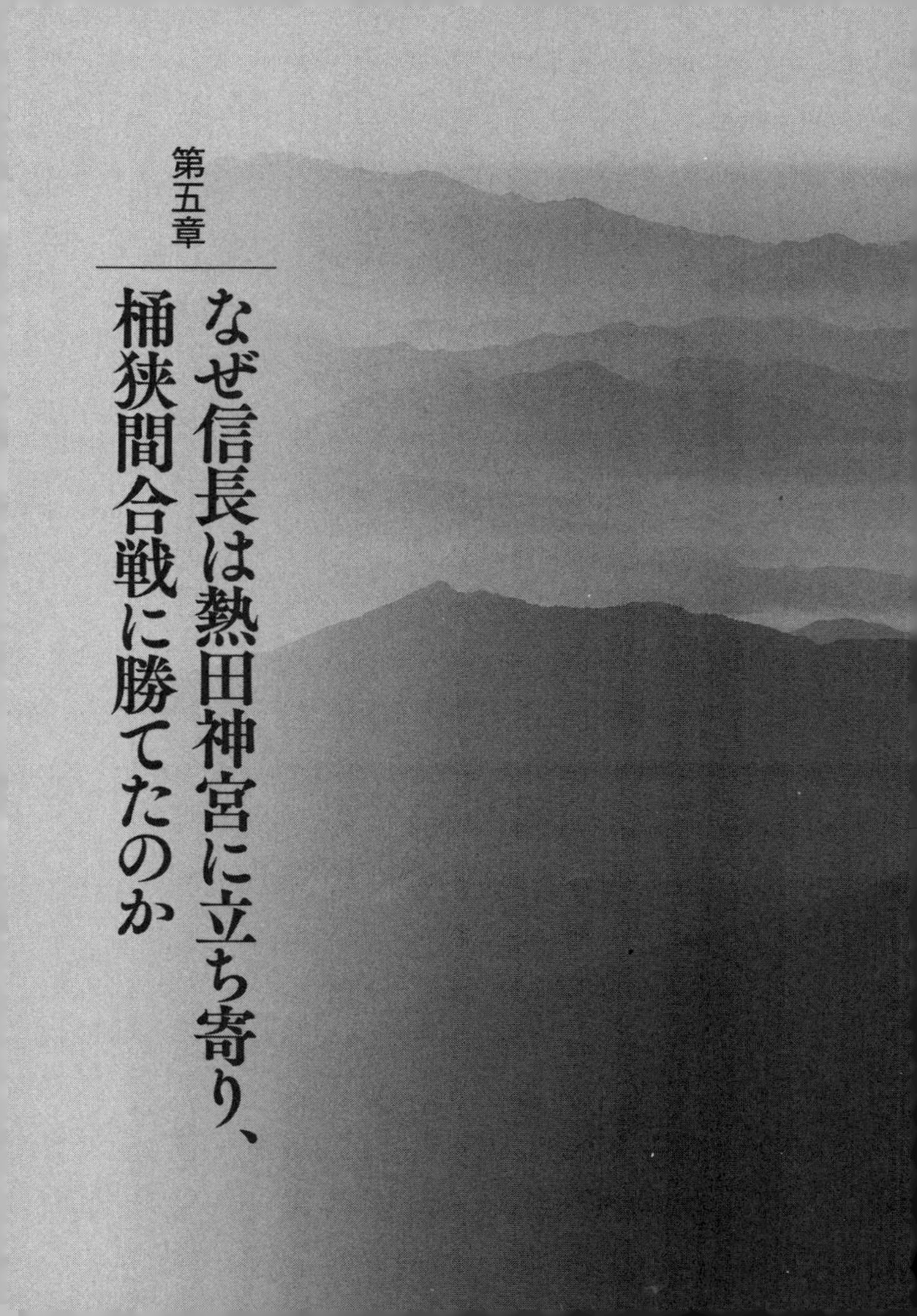

第五章

なぜ信長は熱田神宮に立ち寄り、桶狭間合戦に勝てたのか

日本武尊の死とともに生まれた神宮

熱田《あつた》神宮のご神体は、三種の神器の一つ、天叢雲剣《あまのむらくものつるぎ》である。アマテラスの弟・スサノオがヤマタノオロチという大蛇の怪物を出雲国で退治したさい、その尾を切ったところ、中から長大な剣が出てきた。それが天叢雲剣だ。その後この剣は、アマテラスへ献上されることになった。

名の由来だが、ヤマタノオロチがいるところには常に雲がわき起こっていたことから、そう名付けられたとされる。

別項で述べたように、アマテラスは八咫鏡《やたのかがみ》、八尺瓊勾玉《やさかにのまがたま》とともに、この剣を皇孫のニニギに渡して地上に降臨させたといわれる。以後、天叢雲剣は王権の象徴（三種の神器）として大切に歴代天皇のもとで保管されたが、やがて伊勢神宮に納められることになった。

景行《けいこう》天皇の時代、その子・日本武尊《やまとたけるのみこと》は天皇から東征を命じられるが、そのおり伊勢神宮の倭姫命《やまとひめのみこと》からこの剣を与えられた。

日本武尊が駿河国《するが》で敵の火攻めにあったとき、天叢雲剣を引き抜いてそれで草をなぎ払って危機を脱したことから、この天叢雲剣は草薙剣《くさなぎのつるぎ》とも称されるようになった。

残念ながら日本武尊は東征の帰途、伊勢国で山の神の祟《たた》りのために亡くなってしまう。ただ、天叢雲剣は所持しておらず、生前、妻の宮簀媛《みやずひめ》に預けていた。夫の死を知った宮簀媛は、この剣を祀るために熱田の地に社宮《しゃぐう》を建てた。それが熱田神宮の由来である。

日本武尊（『武者かゞみ　一名人相合　南伝二』、国立国会図書館所蔵）

ただ、天叢雲剣は、天智《てんじ》七年（六六八）に

突然の災難にあう。道行《どうぎょう》という新羅《しらぎ》の僧が神宮から盗み出したのである。その動機はまったく不明だが、道行は剣を所持してそのまま新羅へ逃れようとしたらしい。

だが途中で暴風雨にあい、しかたなく熱田神宮へ戻ったところを捕まり、天叢雲剣は無事に神宮へと戻ってきたのである。ただ、この事件の後は朝廷で剣を保管することになった。ところが、天武天皇が病にかかり、占いによって原因を調べたところ、天叢雲剣の霊威によるものだと判明した。そこで剣を畏怖《いふ》した皇室は、再び熱田神宮に安置したといわれる。これらの言い伝えを信じるなら、現在も本物の天叢雲剣は熱田神宮内にあるわけだが、一切公開されず、それが鉄剣なのか、銅剣なのかすらも明らかになっていない。

なお、最初に八咫鏡とともに天叢雲剣を伊勢神宮に遷すさい、朝廷では本物の代わりに剣を鋳造《ちゆうぞう》している。しかし、最初の模造刀は、現在も海に沈んだままである。平氏の都落ちに同行した安徳天皇は、壇ノ浦合戦のとき神器（剣と勾玉）を持って入水して亡くなった。勾玉は箱に入っていたので海上をただよっており、回収に成功したが、剣のほうは海中深く沈んでしまったのだ。

ちなみに安徳天皇が神器を持ち去った後、後鳥羽《ごとば》天皇の即位には別の剣を神器として使用したが、海中に没してしまったため、新たに天叢雲剣を造り直したとされる。

平安時代になると熱田神宮は、皇室や公家との密接な関係から尾張国を中心に広大な荘園を領するようになり、さらなる発展を遂げていった。

熱田神宮の大宮司《だいぐうじ》は、尾張国造《おわりのくにのみやつこ》（尾張の豪族）であった尾張氏がつとめていたが、十一世紀後半の尾張員職《かずとも》のとき、娘が公家で尾張国目代《もくだい》の藤原季兼《すえかね》との間に季範《すえのり》を生んだ。すると員職は、孫の季範に大宮司職を譲渡したのである。こうして大宮司は、尾張氏から藤原氏へと移ったのである。ちなみに季範の娘の一人が源義朝と結婚、頼朝を生んでいる。このため大宮司の藤原季範は頼朝の外戚となり、頼朝が武家政権を誕生させると、熱田神宮はさらに発展していった。なお、藤原季範の孫・信綱《のぶつな》と範清《のりきよ》は千秋《せんしゅう》氏を名乗り、この千秋氏がやがて大宮司職を独占するようになった。

信長も頼らざるを得なかった神仏の力

ところで、広い熱田神宮の境内を散策すると、「信長塀《のぶながべい》」という重厚な土塀がある。土と石灰を油で練って固め、多数の瓦《かわら》を積み重ねて作り上げたものだ。この「信長塀」は、兵庫西宮神社の大練塀《おおねりべい》、京都三十三間堂の太閤塀《たいこうべい》とともに、日本三大土塀と呼ばれている。

その名からわかるとおり、織田信長が寄進した土塀である。神社の伝承では、桶狭間合戦に勝てたことに感謝して奉納したといわれている。

じつは信長は、桶狭間合戦に出むくさい、熱田神宮に立ち寄っているのである。

永禄《えいろく》三年（一五六〇）の桶狭間合戦は、自領の尾張に攻めてきた今川義元《いまがわよしもと》の大軍に対し、奇襲攻撃で義元の首を奪って大勝をおさめた戦いである。

義元は駿河・遠江《とおとうみ》を領する大大名で、さかんに尾張へ侵攻し、尾張領内の沓《くつ》掛《かけ》城、大高《おおだか》城、鳴海《なるみ》城などが今川方の城となってしまった。そこで信長は、今川方の城がある知多《ちた》郡、愛知《あいち》郡をその手に収めようと、鳴海城と大高城を攻める準備をはじめる。鳴海城の付け城として丹下砦《たんげとりで》、善照寺砦《ぜんしょうじ》、中島砦《なかじま》の三砦をつくり、大高城に対し鷲津砦《わしづ》、丸根砦《まるね》を構築したのである。

これを知った義元は、二万五千（異説あり）の大軍で鳴海城や大高城の援軍にやって来たのだ。同年五月十八日、義元の本隊が沓掛城に入り、鷲津砦と丸根砦の攻撃準備をはじめた。

これを知って信長のもとに家臣たちが集まった。ところが信長は軍議も開かず世間話を続け、やがて「もう深夜だから帰れ」と家臣たちを退出させたのだ。この態度に重臣たちは大いに失望した。ところがその日の未明に鷲津砦と丸根砦が今川軍に急襲されたと聞くと、信長は「人間五十年、下天《げてん》の内をくらぶれば、夢幻《ゆめまぼろし》のごとくなり、一度生《ひとたびしょう》を得て滅せぬ者のあるべきか」と幸若舞《こうわかまい》の『敦盛《あつもり》』を舞い、それを終えると「法螺《ほら》をふけ、具足《ぐそく》をよこせ」と命じ、甲冑《かっちゅう》を身につけ、馬に乗って駆けだしたのである。あまりに突然のことなので、信長の供ができたのはわずか五名の小姓だけだった。信長は十二キロの道のりを一気に駆け、やがて熱田神宮で馬を休めた。するとバラバラと家臣たちが集まりはじめ、二百名ほどに増えた。

信長は熱田神宮におごそかに詣で、戦勝の願文を神殿に捧げた。そして社頭から戻り、進軍をはじめようとすると、白鷺《しらさぎ》が二羽、旗の先を飛んでいった。これを目にした信長は、「あれこそ当社大明神の擁護《ようご》し給《たま》ふ験《しる》しよ」（岡谷繁実著『名将言行録』岩波文庫）と大声で言ったので、兵たちの士気は大いに奮《ふる》い立ったという。

熱田神宮を出て、源太夫社（現在の上知我麻《かみちかま》神社）から鷲津・丸根砦の方向を見ると、砦から黒い煙があがっていた。信長は動揺せず上手の道を駆け抜け、丹下砦をへて善照寺砦へと入った。中島砦の織田軍は、信長が善照寺砦に入ったことに勇気づけられ、城将の佐々隼人正《さっさはやとのしょう》と千秋季忠《すえただ》が三百名の小勢で、砦から飛び出して義元本隊へ突撃をかけたのである。しかし佐々と千秋の部隊は今川軍に囲まれて五十騎が討ち死にするという悲惨な結果に終わった。

このおり戦死した千秋季忠はなんと、熱田神宮の大宮司であった。じつは季忠は、父・季光《すえみつ》の時代から織田家の家臣として仕えており、季光もやはり織田方として戦い討ち死にしていた。熱田神宮には多数の神官がいたが、じつは桶狭間の戦いではそうした人々も戦いに加わっていたのだ。

ちなみにこのとき義元は「私の矛先には天魔鬼神もかなわないのだ。なんと心地の良い」と豪語し、ゆるゆると謡《うたい》をうたったといわれる。

弛《し》緩《かん》した今川軍を見た信長は、「各よくよく承《うけたまわ》り候《そうら》へ。あの武者（今川の兵士たち）、宵《よい》に兵《ひょう》糧《ろう》つかひて、夜もすがら来たり、大高（城）へ兵糧を入れ、鷲津・丸根（織田方の砦）に手を砕《くだ》き、辛労して、つかれたる武者なり。こなた（織田の兵）は新《あら》手《て》なり」（『信《しん》長《ちょう》

桶狭間を題材にした錦絵『瓢軍談五十四場　第七　桶狭間合戦に稲川氏元討死』（国立国会図書館所蔵）

公記《こうき》』）と言ったのである。だが、これは方便だった。大高城に兵糧を入れ、鷲津・丸根砦を陥落させたのは松平元康《まつだいらもとやす》（後の徳川家康）・朝比奈康朝《あさひなやすとも》の先鋒隊であり、これから戦う義元の本隊ではなかった。そう、将士を励ますため、あえてこのような言葉を述べたのだ。

一説には、銭の裏と裏を貼り合わせたものを用意し、「表が出たら我が軍の勝利だ」といって、神前で表を出してみせたといわれる。熱田神宮での白鷺の話もそうだが、後年の信長の行為とは思えない。さすがにこのときは神仏の力を利用せざるを得なかったのだろう。

激突の直前、沓掛方面の楠《くすのき》の巨木が雷雨のために倒れた。このとき織田軍の兵たちは、「これは熱田神宮の神が味方しているのだ」とにわかに士気が高まったという。この機を逃さず、信長は槍をとって「すわ、かかれ！」と叫びながら駆けだした。

こうして桶狭間合戦は、勢いに乗った織田軍の奇跡的な勝利に終わったのである。いかにこの戦いで熱田神宮が大きな役割を果たしていたかがよくわかるだろう。

コラム4 黒田官兵衛が中津城内に神社をつくった理由

九州平定の功で黒田官兵衛《くろだかんべえ》（のち如水《じょすい》）は、豊前《ぶぜん》国六郡十八万石を豊臣秀吉から賜った。そこで天正十六年（一五八八）から中津《なかつ》に新城を築きはじめる。中津は、山国川《やまくにがわ》が周防灘《すおうなだ》にそそぐデルタ地帯で、官兵衛は川水を城域に引き巡らして水の要塞をつくった。

本丸には三重の天守閣を建て、東に二の丸、南に三の丸が配置された。ところで中津城の二の丸には、官兵衛が創建した城井《きい》神社が今も鎮座する。神社の祭神は宇都宮《うつのみや》（城井）鎮房《しげふさ》である。宇都宮氏は、源頼朝に豊前国守護に任じられて以来、城井谷《きいだに》城を拠点に四百年間根を張る豊前の名族だった。だが、九州平定後に今治《いまばり》十二万石への転封が決まると、鎮房はこれを拒み、新領主黒田氏に対し叛旗《はんき》を翻したのだ。

このため黒田軍は城井谷城を攻撃するが、逆に撃退されてしまう。そこで官兵衛は、息子長政《ながまさ》の嫁に鎮房の娘を迎えるということで講和を結ぶ。ところが秀吉は、あくまで鎮房を倒せと官兵衛・長政父子に厳命してきたので、やむなく官兵衛は、長政に命じて鎮房を中津城本丸の御殿に誘殺《ゆうさつ》させ、次いで宇都宮一族も抹殺《まっさつ》したのだ。

こうした惨《むご》い仕打ちによって宇都宮氏が怨霊と化し、黒田家に祟《たた》るのを恐れ、官兵衛は鎮魂のために城内に社を創建したのだといわれる。

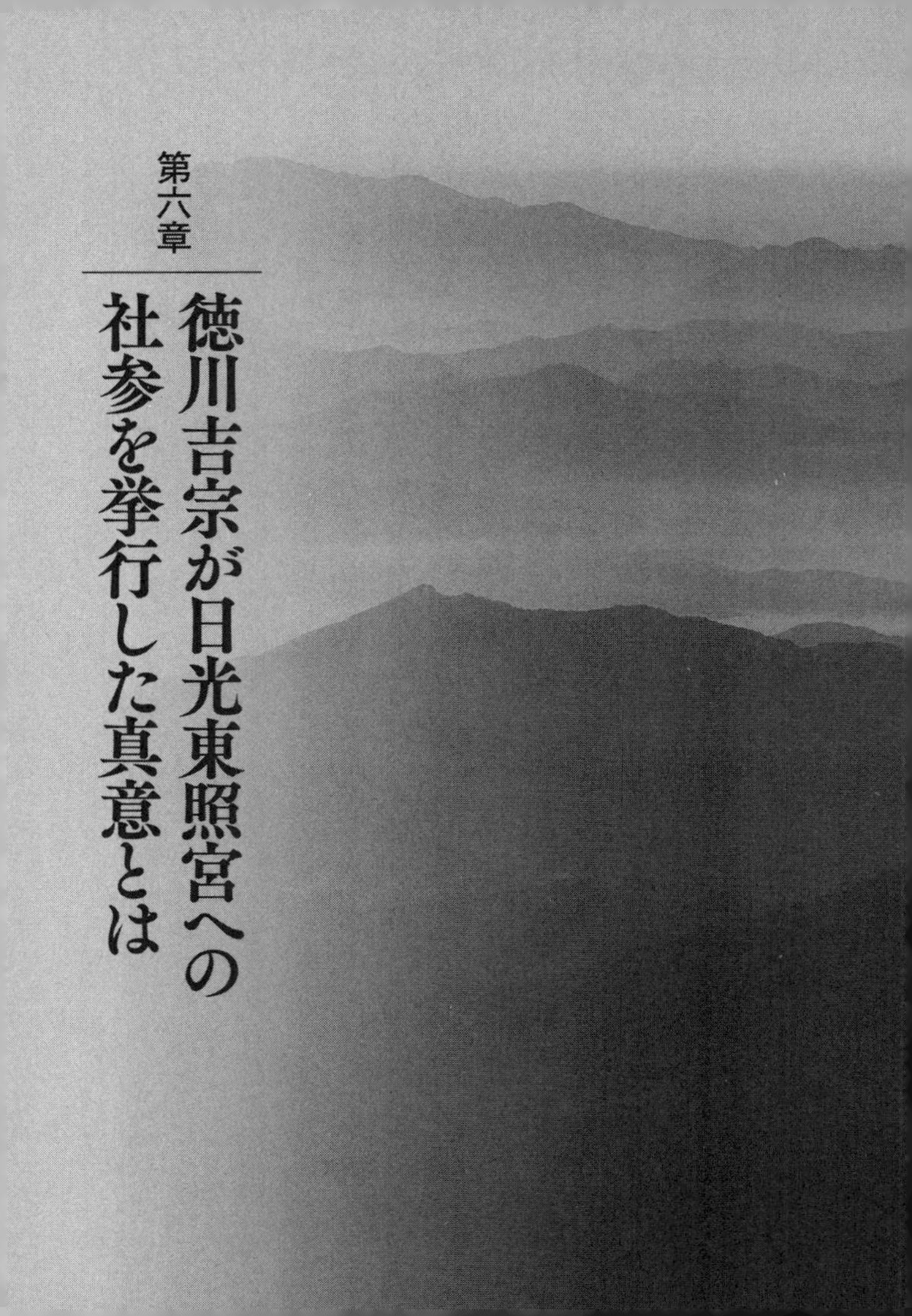

第十六章

徳川吉宗が日光東照宮への社参を挙行した真意とは

家康死後に起きた天海と崇伝の論争

享保《きょうほう》十二年（一七二七）七月、八代将軍徳川吉宗《よしむね》は、来年の四月に日光東《にっこうとう》照宮《しょうぐう》に参詣すると公言した。

将軍自らが日光東照宮（徳川家康の霊廟《れいびょう》）に参拝する儀式を日光社参《しゃさん》という。かつては家康の命日である四月十七日におこなわれていた。しかしこの行事は、寛文《かんぶん》四年（一六六四）、四代将軍家綱《いえつな》が実施して以来、絶えて久しくなっていた。つまり、将軍の日光社参は、じつに六十五年ぶりのことになる。

なぜ吉宗は半世紀以上も絶えていた儀式を復活したのだろうか。その謎について明らかにしていこうと思う。

そもそも日光社参は、元和《げんな》三年（一六一七）四月に二代将軍秀忠《ひでただ》が父・家康の一周忌にその廟に詣でたのを始まりとする。

家康の霊廟が日光にあるのは、臨終にさいして家康本人が「自分が死んだら、その遺骸《いがい》は駿河国の駿府郊外にある久能山《くのうざん》に安置し、葬儀は江戸の増上《ぞうじょう》寺《じ》で執りおこなったあと、位牌《いはい》は三河《みかわ》国岡崎の大樹寺《だいじゅじ》におさめよ。そして翌年、日光に小さな社を建てて私の神霊をそこに勧請せよ」と遺言したからだ。

そこで家康が死ぬと、遺言にしたがってその遺体は駿府国の久能山に埋葬された。このおり、神道の主流である吉田《よしだ》神道の実力者・梵舜《ぼんしゅん》が、葬儀の一切を取り仕切った。ところがその後、家康を神霊として祀るにあたり、その神号《しんごう》を吉田神道の「明神《みょうじん》」とするか、山王一実《さんのういちじつ》神道の「権現《ごんげん》」とするかをめぐり、天《てん》海《かい》と金地院崇伝《こんちいんすうでん》が対立したのである。

二人は僧侶で、共に家康の側近でもあった。崇伝は臨済《りんざい》宗の京都南禅寺《なんぜんじ》の僧で、幕府の寺社行政をまかされ、武家諸法度《ぶけしょはっと》や禁中《きんちゅう》並《ならびに》公家《くげ》諸法度などを起草した。そんなことから黒衣《こくい》の宰相《さいしょう》と呼ばれた。

いっぽうの天海は天台宗の僧で、川越の喜多院《きたいん》の住持《じゅうじ》であった。ただ、前半生はよくわかっておらず、会津《あいづ》の蘆名《あしな》氏の一族だともいうが、一説には、明智《あけち》光秀《みつひで》の後身だったのではないかという噂もある。家康が天海とはじめて対面したのは、慶長《けいちょう》十三年（一六〇八）だったとされる。家康が亡くなるのはその八年後なので、数年という短期間の交流でしかなかったが、最晩年の家康から大きな信頼を受けた。

さて、家康の葬儀を担当した梵舜は、駿府に来た将軍秀忠に対し「葬式は予定通り執りおこなわれ、これから家康公の神霊には『大明神』の神号が与えられることになります」と報告した。すると、同席していた天海が「家康公は、山王一実神道の『権現』として祀られることを望んでおられた」と急に口をはさんだのである。

驚いた崇伝が「いや、家康公は吉田神道の『大明神』として自分を祀れと遺言したはずだ」と反論、論争に発展したのである。ただ、最後に天海が「豊臣秀吉は死後、豊国《とよくに》大明神となったが、その末路は滅亡に終わったではないか」と述べたので、これを聞いた秀忠は、天海の意見を採用、家康の神号は「権現」と決まったのである。

幕府は朝廷に対し、あらかじめ神になった家康の名をどうすればよいか尋ねていた。この依頼に対して関白の二条昭実《にじょうあきざね》と大納言の菊亭晴季《きくていはるすえ》は「日本《ひのもと》」、「霊威」、「東光《とうこう》」、「東照《とうしょう》」の四つの案を提示してきた。そこで幕府は検討の結果、「東照」の文字を選んだのである。

日光の杉並木(写真提供：日光市観光協会)

翌年三月、家康は自身の遺言によって日光山に改葬され、東照大権現として祀られた。家康が日光の地を選んだのは、ここが古くからの山岳信仰の霊場であり、江戸を鎮護するとされる真北に位置するからだと思われる。

同年四月、家康の命日を期して二代将軍徳川秀忠は大雨の中、日光東照宮へ参詣した。先に述べたように、はじめての日光社参だ。秀忠は本郷追分《ほんごうおいわけ》から岩淵《いわぶち》、川口、鳩《はと》ヶ谷《や》、大門《だいもん》を過ぎ、岩槻《いわつき》で一泊して、翌日に幸手《さって》から日光街道へと入り、栗橋《くりはし》で利根川を渡って、そのまま北上して古河《こが》、宇都宮と泊まりを重ね、日光へ至った。

それ以後、このルートが社参道となった。とくに本郷追分から幸手までは、徳川将軍がもっぱら日光社参に用いる道ということで、日光御成道《おなりみち》と呼ぶようになる。

秀忠は生涯に四度、日光へ参詣しているが、いずれも、わずか数人の家臣を連れただけの、とても質素な墓参りだった。

そんな将軍の私的慣行を公的なものに変え、大規模化していったのが三代将軍家光《いえみつ》であった。じつは家光は、「夢の中で祖父（家康）と語り合った」としばしば側近に漏らすほど、家康のことを慕っていた。父・秀忠は家光ではなく、その弟を将軍にしようとしていたが、それをたしなめ家光を将軍にすえたのは家康だった。ゆえに崇敬したのだといわれる。

秀忠が没すると家光は、日光東照宮の式年遷宮（定期的な建替え）と称して、それまでの建物をことごとく撤去し、新たに壮麗な宮殿を構築した。そして、二年に一度の割合で、主たる譜代大名を引き連れ、大々的に日光社参を挙行するようになった。日光社参は江戸時代を通じて十九回おこなわれたが、家光だけで通算十回を数え、実に過半を超えている。

しかし次の四代家綱は二度実施しただけで社参は途絶えてしまい、五代綱吉《つなよし》も六代家宣《いえのぶ》も計画を立てたものの、実行することはなかった。その一番の理由は、莫大な支出を伴う日光社参をおこなうだけの財政的な余裕がなかったのだ。

十三万の大軍による日光社参

いずれにせよ、吉宗の公示により、日光社参の準備がはじまった。責任者には老中の松平乗邑《のりさと》が任命された。その後、乗邑は政権運営を一任されるようになったが、この社参を滞りなく済ませたことで、吉宗の信任を獲得したのだといわれる。

日光社参には、譜代大名・旗本合わせて十三万三千人が参加することになった。それに加えて「人足」が二十二万八千人、用いた馬が三十二万六千疋《びき》におよんだ。

このように大規模な式典だったので、実施にあたり幕府はさまざまな法令を発布した。これらを総称して社参法度と呼ぶ。供奉《ぐぶ》する武士への諸注意から始まって、警備態勢の指示や携帯する武器の規定、街道や宿場の整備方法、人馬徴集令など、武家から庶民に至るまで広範囲にわたって事細かに法律が発令された。

「来年四月、日光社参に付、御供之面々《おとものめんめん》、道中諸入用品々・諸道具・草履《ぞうり》・わらじ等に至るまで、平生之値段より高値に売り出し間敷候《まじくそうろう》」（『御触書《おふれがき》寛保集成』）

と値段の据え置きを命じているが、これも、社参法度の一つだ。

どうやら日光社参に加わる武士たちに、道中の必需品を高く売り付けようとする商人がいたようだ。荷物輸送用の人馬の賃金も暴騰《ぼうとう》する一方で、痩《や》せ馬一疋手に入れるのさえ一苦労だった。供奉する武士には、家格に応じて伴う家臣や人馬、武具の数が定められており、彼らはその用意にずいぶんと苦慮した。年季で雇われている小者や中間《ちゆうげん》などは、日光社参に向けて給金の引き上げを要求する者が後を絶たなかったという。もし応じなければ、需要はいくらでもあったので他家に移ってしまうのだ。

このように、日光社参は当時の経済に悪影響を与えたのである。

ただ、このイベントで最大の迷惑を被ったのは農民たちであった。彼らは、将軍が通過する街道・宿の整備に無理やり駆り出されることになった。

行列の通行に支障をきたさぬよう、道は平坦に均《なら》したうえ砂を敷き、街路樹や竹林の枝はきれいに払った。街道沿いの家屋や木戸はすべてに修繕が施され、乾燥と火事に備えるため、十間（一八メートル）ごとに水の入った手桶が設置された。

宇都宮宿から徳次郎《とくじろう》宿のわずか三里（十二キロ）の間に二万の人夫を使用した記録が残り、整備に膨大な人力を必要としたことがわかる。そのため幕府は、関東八州（関東地方）の村々から臨時に一千石につき人足七人・馬五疋を徴集している。

ただ、これはあくまで原則であって、下総《しもうさ》国我孫子《あびこ》村（千葉県我孫子市）では、人足四百人・馬五百疋の供出を命ぜられている。ちなみに、人馬を強制的に徴発された村は、なんと一万一千二百五十五ヵ村、駆り出された人間は延べにして四百万人におよんだ。

悪いことに、社参の時季はちょうど農繁期と重なっており、農村では極度の人手不足におちいった。麦の刈り入れができずに立ち腐れてしまったところもあったという。日光社参は農民にとって、暴政以外の何ものでもなかったわけだ。

社参への出立は、享保十四年四月十三日と定められていたが、その五日前、「吹上《ふきあげ》の御覧所にならせ給ひ、御詣《おんもうで》の鹵簿《ろぼ》（行列）調練を御覧ぜらる」（『徳川実紀』）

とあるように、江戸城吹上において吉宗は、行軍の予行演習をおこなったのである。

太平の世に慣れた当時の武士たちは脆弱《ぜいじやく》化しており、馬に乗れない者や、草鞋《わらじ》の結び方を知らぬ者もあり、予行は必要不可欠だったようだ。もちろん、こんなことは前代未聞であった。こうした用意周到な準備をへて当日を迎えた。当日は、あいにくの雨だった。だが、予定通り隊列は順次、江戸城を出発していった。

子《ね》の刻（午前零時）、先頭の奏者番《そうじやばん》・秋元喬房《あきもとたかふさ》が、旗五本・槍六十本・弓二十張・銃八十挺をたずさえ、騎馬三十を率いて出立した。続いて本多正矩《ほんだまさのり》、松平忠愛と、次々に大名や旗本の部隊が進発し、将軍のまわりを固めた二千の親衛隊が城を出たのは卯《う》の刻（午前六時）、最後尾の松平輝貞《てるさだ》が江戸を後にしたのが巳《み》の刻（午前十時）であった。なんと、先鋒から殿《しんがり》まで出発するのに十時間を要したのである。

吉宗は、社参にあたって家臣に服の新調を禁じるなど、行装の華美を禁じ、できるだけ社参が質素になるよう心掛けたが、それでも将軍の十三万の陣列は、息を飲むほどに壮観であった。

吉宗は、川口の錫杖寺《しやくじようじ》で昼食をとったあと、石神村《いしがみ》真乗寺《しんじようじ》で小休止、夕方になって岩槻城に到着した。城主の永井直陳《ながいなおのぶ》は城外で将軍を出迎え、これを先導する形で城内へ招き入れた。岩槻城は前年の火災で焼失してしまっており、将軍来訪のために急造した仮小屋の書院にて、形式的な挨拶と贈物の交換がなされ、その後は盛大な祝宴となった。

一方、供奉の武士たちであるが、いかんせん十三万の大軍である。城内に入れたのはごく一部の大名だけで、ほかの者たちはあらかじめ指定された城下の旅籠《はたご》や寺院に分宿した。それでも収容しきれない場合は、近くの民家が提供された。

当時の記録としては、岩槻富士宿町の農家に投宿した戸田肥前守《とだひぜんのかみ》の一行百五十人の様子が残っている。それを見ると、戸田は同町の伊右衛門という男に賄《まかな》いを一任している。伊右衛門は、夕食を一人につき膳付き香物大根で銀二匁《もんめ》二分、膳無し香物大根で一匁七分とし、風呂は一回銀十五匁、あんどんは三匁、提灯《ちょうちん》は二本三匁で請け負い、前金として半額を要求している。このことからも、旅費は自己負担だったことがわかる。武士にとっては痛い出費だったはずだ。

翌朝、吉宗は辰《たつ》の刻（午前八時）に岩槻を発ち、御成道を北上して幸手で日光街道に合流、栗橋で利根川を渡って中田《なかだ》に出た。

通常、栗橋―中田間には、房川《ぼうせんの》渡しと呼ばれる渡し舟があるのだが、この日は臨時に橋が架設されていた。これは、秀忠以来の慣例だった。

百八十八間（三四〇メートル）もある川幅に、ずらりと五十一隻の高瀬舟を並べ、それぞれを綱でしっかり繋ぎ、舟の上に板を幾重《いくえ》にも敷いて仮橋をつくり上げるのである。橋の上には馬が滑らぬように白砂が撒《ま》かれ、欄干《らんかん》まで取り付ける念の入れようだった。

さらに揺れを防ぐため、左右の岸からは太い綱が一本ずつ伸ばされ、舟橋に固定された。人々はこれを虎綱《とらつな》と呼んだ。虎綱は、檜《ひのき》の皮で作った縄をさらに三本よった大綱で、長さ二百六十間（四七三メートル）、直径にして三寸を超えた。

この舟橋をつくるにあたっては、二万両（十四億円）の大金と四カ月の歳月を費やしたと伝えられる。だが、勿体ないことに、日光社参が終了すると同時に橋は破却された。ちなみに虎綱は、周辺村の有力者たちへ断片にして配布されたという。

さて、吉宗である。この日は古河城に一泊、さらに翌日は宇都宮城に一泊し、四日目になってようやく日光に到着した。

「御下乗石《げじょういし》前にて御下馬、神橋《しんきょう》御通り（中略）神橋中程にて御遠見、深砂王《じんじゃおう》社《しゃ》前より御籠に召されて……」（『御番所日記』）

これは、吉宗が日光に到着した際の東照宮側の記録である。吉宗は下馬した後、神橋を歩いてわたるが、橋の途中まで来たとき、にわかに立ち止まり、目

日光山入口の神橋を渡る社参の一行
(『千代田之御表　日光御社参神橋』、国立国会図書館所蔵)

を細めて周囲を遠望したという。さぞかし吉宗も、感慨深かったのだろう。

日光での将軍の滞在は二日間に過ぎなかったが、警備は厳重を極めた。領内の出入口はすべて勤番の士で固められ、暮六《くれむ》つ(午後六時半)を過ぎると門は閉鎖され、一切の出入りが禁じられた。領内の各寺院・神橋・霊廟周辺も、持筒《もちづつ》組・百人組・火消組などによって絶えざる巡回がおこなわれた。

また、日光に至るあらゆる主要道路は兵馬によって封鎖され、付近の宿場には大名や旗本が陣を敷いた。徳川御三家は、日光の三里(十二キロ)東方にある下野《しもつけ》国大桑《おおくわ》に専用の本陣を設け、万が一に備えた。

日光に着いた翌日は、家康の命日(四月十

七日）だった。この日吉宗は、家康の霊廟への拝礼を滞りなく済ませ、今回の最大の目的を果たした。そして十八日、有名な日光華厳《けごん》の滝を見学した後、東照宮を発って往路と同じ道を引き返し、二十一日未《ひつじ》の刻（午後二時）、江戸に帰り着いたのだった。ここにおいて、六十五年ぶりの日光社参は、無事すべての日程を終えたのである。

吉宗は改革の精神を失ったのか？

社参終了後、吉宗は諸臣への慰労を兼ねて、盛大な祝宴を張って猿楽《さるがく》を催した。また、恩赦《おんしゃ》を出して百三十九人の罪人を放免《ほうめん》した。

幕府はこの日光社参にあたり、二十万両以上を投じたと伝えられる。単純に一両七万円と計算しても、百四十億円は下らない。家光の時代よりも簡素化したとはいえ、どうして吉宗は、こんな巨費を投じてまで日光社参を復活させたのであろうか。

吉宗の享保改革は、倹約による財政再建に主眼を置いてきたはずだ。だとすれば、これほど改革の精神に反した行事はないだろう。

どうやら吉宗は、日光社参という大行事をおこなうことによって、将軍の権威を天下に示し、崩れかけた封建体制の再構築をはかろうとしたと思われる。諸大名への日光供奉命令が、黒印状《こくいんじょう》をもって出されているのがその証拠だとされる。

黒印状とは、将軍が諸大名の軍事行動を承認する許可状をいう。江戸時代、諸藩の軍事行動は、将軍の黒印なしには一切認められておらず、軍事権は将軍一人に掌握されていた。日光社参令に黒印が押されたという事実は、この行事が軍事動員であったことを意味するのだ。日光社参は、譜代・旗本のみで執りおこなわれ、外様大名は参加できなかった。

つまり吉宗は、徳川勢力を総動員して軍事演習（日光社参）を挙行することにより、外にあっては外様雄藩を牽制《けんせい》し、内にあっては徳川家の結束を固くし、結果的に幕府の威信回復を狙ったわけだ。

さらに日光社参には、吉宗が十数年間にわたって取り組んできた享保改革の成果を、世間にアピールする意図もあったと思われる。「家綱以来、財政逼迫《ひっぱく》のためにおこなうことのできなかった盛儀を、数十年ぶりに復活できた。それは、ひとえに改革の賜物である」。そう誇示したかったのだろう。

もう一つ、吉宗の始祖家康に対する思慕感情も、忘れてはならない。顕著な例として、享保七年十二月の家康生誕祝いが挙げられる。古来、我が国には故人の誕生を祝う風習はなく、これはまさに異例のことだった。

また吉宗は、家康の祥月《しょうつき》命日には必ず江戸城内にある紅葉山《もみじやま》の東照宮に参詣した。その際、前夜は一睡もしなかったという。もし眠って悪夢でも見れば縁起が悪く、家康に申し訳ないというのがその理由だった。いかに家康を崇拝していたかがわかる。

ただ、果たしてこれが、吉宗の純粋な気持ちから出たものであるかどうかは、いくぶん疑わしい。吉宗は、家康の直系ではない。御三家のひとつ紀州《きしゅう》藩の出であるうえ、四男坊だった。その吉宗が御三家筆頭の尾張を差し置いて将軍に就任できたのは、尾張の継友《つぐとも》が家康から数えて四代目であるのに対し、吉宗は三代目にあたるという血の濃さによる論理からだった。

それゆえ、家康を崇《あが》めて神聖視することはそのまま、最も家康の血統に近い自分を権威づけることになる。つまり、日光社参もその延長線上にあったというわけだ。

当時は国学や儒教古学派が台頭し、〝昔に帰れ〟という復古的な風潮が高まっており、吉宗のブレーンであった荻生徂徠《おぎゅうそらい》なども、

「総じて天下国家を治める道は、古《いにしえ》の聖人の道にしくはなし」（『政談』）といい、我が国において聖人とは家康を指し、その教えに忠実に従うことこそが善政なのだと主張した。吉宗にとっては、まことに都合のよい思想で、日光社参の追い風になった。

以上、このような思惑《おもわく》から、徳川吉宗は日光社参を復活させたものと思われる。

なお、日光社参の歴史的評価については、まだ史家の間で一致を見ないようだが、その可否は別として、これほどの盛儀を見事に成し得た吉宗の政治手腕には、全く敬服する。その後社参は、十代家治《いえはる》と十二代家慶《いえよし》の時代におこなわれるが、実施形態はいずれも、吉宗の先例を忠実に踏襲したものであった。

第七章

なぜ日光東照宮は幕末の戦禍を免れ、世界遺産となったのか

武田と北条の旧臣による見回り

「日光を見ずして結構《けっこう》というなかれ」ということわざがある。

日光東照宮のすばらしい建物を実際に見たこともないくせに、「結構」という言葉を軽々しく使ってはいけないという意味で、東照宮をたたえる語句である。

金と白と黒を基調とした極彩色の建物群は、確かに「結構」というほかに表現のしようがない。この壮麗な建物群は、将軍家光の命令で寛永十一年（一六三四）から建設がはじまった。それ以前の建物は父親の秀忠がつくらせたものであったが、わずか二十年で取り壊されることになった。ちょうど家康の二十一回忌にあたっていることから、伊勢神宮の式年遷宮を意識したのではないかといわれている。

東照宮の造営奉行には秋元泰朝《やすとも》が任じられたが、高藤晴俊《たかふじはるとし》日光東照宮禰宜《ねぎ》によれば、一年五カ月の工期において延べ六百五十万人（一日平均一万三千人）

が動員され、総工費は少なくとも約二千億円はくだらなかったという（『日光東照宮の謎』講談社現代新書）。

いずれにせよ、日光東照宮の文化的価値は大いに評価され、一九九九年、世界遺産に登録された。

だが、世界遺産に登録されるのを当たり前だと思ってはいけない。雷や火事、暴風雨などの災害から、この建物群を二百年以上にわたって大切に守ってきた人々がいたからこそ、世界に誇る日本の文化財となったのである。

東照宮を守ってきたのは、八王子千人同心《はちおうじせんにんどうしん》である。

その名のとおり、千人の武士団である。彼らのほとんどは、滅亡した甲斐《かい》の武田《たけだ》氏や小田原北条《おだわらほうじょう》氏の旧臣で、徳川家に再雇用され、八王子宿（東京都八王子市）の千人町を中心に武蔵《むさし》国多摩《たま》郡（武州《ぶしゅう》多摩）に配置された。千人同心は幕府の直臣でありながら、半農半士の生活を送るきわめて珍しい人々であった。

当初は、豊臣秀吉に対する抑えとして、千人同心は甲斐と武蔵の境に置かれ、甲州《こうしゅう》道中が貫通する八王子の防備をまかされた。でも、豊臣家が滅亡すると、国境警備の必要性は薄れてしまう。それにともなって千人同心の地位も低下する。たとえば八王子宿の名主《なぬし》たちは「宗門人別帳《しゅうもんにんべつちょう》（現在の戸籍台帳のようなもの）は農民のためのものだから、千人同心も苗字を書かないでもらいたい」と要求している。千人同心は反発したが、最終的に幕府は「公務以外は農民である」と裁定し、同心の人別帳への苗字記載を禁じたのである。

四代将軍家綱の時代、八王子千人同心の任務は、国境防備から日光東照宮を火事などの災害から守る仕事になった。

これを火の番と呼んだが、この仕事が始まったのは慶安《けいあん》五年（一六五二）からであった。

当初は百名、五十日交替で火の番をしていたが、その後、四十五名の半年交代というのが定番となった。

千人頭（千人同心のリーダーの一人）は、出発の半月前までに上役の槍奉行に当番の同心たちの名簿を提出し、そのうえで江戸で老中と面会して「朱印」と「伝馬証文《てんましょうもん》」を受け取った。その後、千人頭は八王子へ戻って当番の同心たちに公務についての諸注意をあたえた。出立の日は、きちんと隊列を組んで八王

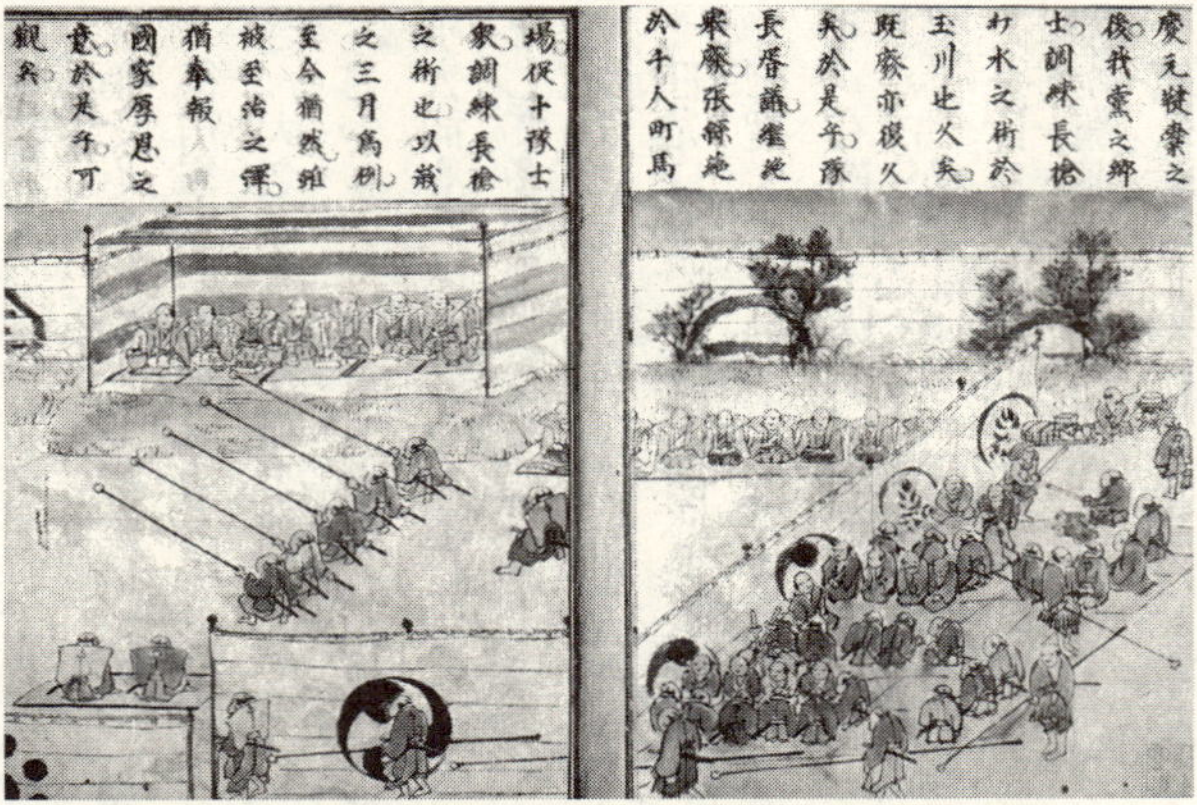

槍の訓練をする八王子千人同心（『桑都日記』より、極楽寺所蔵）

子を出、松山、佐野を経て日光へと赴いた。

通常、八王子から日光までの行程は三十九里三十町。三泊四日で現地に到着する。ただ道中では千人頭に伝馬二疋、同心四十五名にはあわせて七疋しか馬の使用が許されなかった。たったこれだけでは、半年間使用する四十六人分の荷物は到底運べない。このため、みんなでお金を出しあって不足する人馬をやとったのである。

火の番の担当になると、同心一人につき、三人扶持《ぶち》の役料が与えられた。でも出張中はやはり出費がかさんでしまい、役料だけでは生活費が足りなかったようだ。

何とも割の合わない仕事だが、役得もある。

徳川家康の霊廟をまもるという大役なので、道中で大名行列とかち合ったとき、大名のほうが道を譲ることになっていた。

じっさい、加賀《かが》藩や館林《たてばやし》藩の大名行列が千人同心と街道であったとき、千人同心たちのほうを先に通したという記録が残っている。いつも単なる農民として多摩地方で冷遇されている千人同心にとって、自分たちが幕府の御家人であることを実感できる瞬間だったに違いない。

日光に着いた千人同心たちは日光の宿に入り、翌朝から火事羽織を身に着けて御役宅へ出勤することになる。このおり、火事道具目録や日記帳を受け取り、在勤の千人頭へ交代の挨拶をすませて火消小屋へ入り、いよいよ半年間の火の番がはじまる。

平日の見回りは、朝四ッ時と八ッ時の二回おこなうことになっている。千人頭が組頭（一般同心のリーダー）一名と同心四名を連れ、あらかじめ決められた道を巡回していく。また、東照宮や輪王寺《りんのうじ》の境内だけでなく、日光宿も同心たちが火の用心に見回った。こうした八王子千人同心たちの働きが二百年以上続いたことで、私たちは今でも世界遺産に登録されたすばらしい日光東照宮の建物を目にすることができるわけだ。

東照宮を守る千人同心、迫りくる新政府軍

だが、そんな東照宮がにわかに存亡の危機に見舞われる。

慶応《けいおう》四年（一八六八）正月、旧幕府軍は薩長《さっちょう》両藩を主力とする新政府軍に鳥羽《とば》・伏見《ふしみ》で完敗した。このおり大坂城にいた将軍慶喜《よしのぶ》は家臣たちを見捨てて江戸へ逃亡する。

当初慶喜は、江戸で新政府軍を迎え撃つと豪語していたが、それからまもなく豹変《ひょうへん》し、上野寛永寺《かんえいじ》に籠もって新政府に恭順《きょうじゅん》の意をあらわした。慶喜から新政府との和平交渉を一任された勝海舟《かつかいしゅう》は、主戦派の新選組を江戸から遠ざけるため甲府《こうふ》城の確保を命じた。

そこで局長の近藤勇《こんどういさみ》は、新選組の名称を甲陽鎮撫《こうようちんぶ》隊と改め、同年三月一日、

甲府へと向かった。このおり、新選組と縁の深い八王子千人同心たちはこれに加担しなかった。いや、できなかったのだ。というのは、三月四日に八王子を通過したばかりの甲陽鎮撫隊は、わずか二日後、甲州勝沼《かつぬま》で板垣退助《いたがきたいすけ》率いる新政府軍にあっけなく敗れ、ちりぢりになって逃げ戻ってきたからだ。

甲陽鎮撫隊の残党を捕まえるということで、早くも三月九日、新政府軍の一部が八王子に姿を見せはじめ、十一日には甲州方面の新政府軍本隊も進駐してきた。その数は二千を超えており、いくら千人同心が大人数だといっても、抵抗するのは不可能であった。

そこで千人頭は、新政府軍を甲州街道沿いで丁重《ていちょう》に出迎え、反抗する意志のないことを誓い、同時に主家・徳川に対する寛大な措置を嘆願《たんがん》したのだった。

このとき新政府軍の参謀である板垣退助は「お前たちは武田の旧臣だろう。徳川家には怨《うら》みはあっても恩などないはず。これからは朝廷のために励むように」と諭《さと》し、江戸を目指して進んでいった。

この二日後、勝海舟と新政府側の西郷隆盛《さいごうたかもり》との会談がおこなわれ、江戸城を無抵抗で開城することで、新政府による江戸総攻撃を中止することが決定され、翌四月十一日、江戸城は無血で新政府軍に引き渡された。

しかしこの措置に不満を持つ大鳥圭介《おおとりけいすけ》や土方歳三《ひじかたとしぞう》など旧幕臣の一部が、江戸から脱走して下総国市川《いちかわ》に集結、二千の大部隊を結成して北関東を転戦しながら北走し、やがて日光へ入り込んだのである。

東照宮に参詣し、東照大権現（徳川家の始祖家康）に加護を祈ろうとしたのだといわれる。

脱走軍を追撃してきた新政府軍は、日光東照宮の宮司らに対し「脱走軍を日光から撤退させなければ総攻撃を仕掛ける」と恐喝《きょうかつ》したのである。

このおり東照宮側が必死の説得にあたり、ついに旧幕府脱走軍もこれに同意して日光から立ち退き、かわって新政府軍が進駐してきたのである。

ちなみにこのとき、日光に隣接する今市《いまいち》宿に滞在していた土方歳三は、千人同心で幼なじみの土方勇太郎《ゆうたろう》を日光から呼び寄せて対面を果たしている。

勇太郎はちょうど火の番を果たしていたのである。ただ、勇太郎らが最後の火の番となった。このときの千人頭は石坂弥次右衛門《いしざかやじえもん》であったが、八王子に帰着した翌日の閏四月十一日、切腹して果てた。東照宮にやってきた旧幕府軍に味方せず、新政府軍を迎え入れたことを仲間に詰問《きつもん》されたからだといわれる。

先述のように、これより一月前、八王子千人同心は板垣退助の説得を入れて、誓紙を差し出し新政府に恭順していた。ところがその後、上野を拠点とした彰義隊《しょうぎたい》（反新政府勢力）が三千を超える勢力に膨張し、さらに関東周辺の諸藩からも新政府に抵抗する姿勢を見せるところが現われ始めると、「彰義隊に合流すべきだ」と主張する千人同心たちが急増していった。そうしたなか、新政府に恭順した石坂弥次右衛門が帰郷したものだから、今述べたような状況が起こったのである。

弥次右衛門の死後すぐに千人同心たちの中に、八王子を脱して彰義隊に合流する者たちが現われはじめ、最終的にその数は二百名におよんだ。上野に着陣した彼らは彰義隊内では八王子方と呼ばれ、歩兵奉行格の多賀上総介《たがかずさのすけ》の配下に入り、千人頭の河野仲次郎《こうのちゅうじろう》、石坂鈴之助、山本錦太郎が統率して寛永寺や芝の増上寺の警護にあたった。

だが、新政府軍の大村益次郎《おおむらますじろう》は、五月十五日、突如彰義隊の陣取る上野山へ総攻撃を仕掛ける。不意を突かれた彰義隊はわずか一日で壊滅、千人同心たちは八王子へ逃げ帰った。

この上野戦争の責任は、千人頭の河野仲次郎と河野組に所属する組頭日野信《ひのしん》蔵《ぞう》が負った。両名は財産を没収され、ほかの者たちは免罪となった。

同年六月、八王子千人同心は武装解除され、正式に解体することになった。

大半の者は、静岡に移った徳川家のもとへ向わず、農民として多摩地域で生きる道を選んだのだった。

石坂弥次右衛門（左から２人目、石坂栄夫氏所蔵）

コラム5 幕末の戦車を安置する水戸東照宮

東照宮というと、日光を思い浮かべるが、徳川家と縁が深い地には必ず鎮座している。

水戸《みと》藩祖・徳川頼房《よりふさ》も家康の子ゆえ、国元水戸に東照宮を置いた。

JR水戸駅から国道五十号線に出て、西へ数分あるくと左手に大きな赤い鳥居が見えてくる。これが、水戸東照宮の鳥居だ。鳥居をくぐって参道を歩く。アーケードの商店街がしばらく続く。路には朱色の灯籠《とうろう》が並び、アーケードで太陽光線が直接入ってこないため、周囲がほの暗く、京都の祇園《ぎおん》や島原《しまばら》の小路ような雰囲気を醸《かも》し出している。しばらくいって右手の階段を登り切ると、丘の上に朱色の東照宮本殿が建つ。

境内の銅製灯籠一対は見事である。高さ三メートルほどある巨大な灯籠で、頂点に火炎宝珠《ほうじゅ》が乗り、笠に葵《あおい》の御紋がついている。中央の灯りをともす部分には、唐草《からくさ》模様と天女の美しい透かし彫りがある。灯籠は、藩祖頼房が家康の三十三回忌に水戸東照宮に寄進したもので、灯籠には『正三位権中納言源頼房』の銘《めい》が刻まれている。

境内には「烈公《れつこう》考案の安神車《あんじんしゃ》」が安置されている。烈公とは九代水戸藩主・徳川斉昭《なりあき》のことであるが、安神車とは聞いたこともない名だろう。

安神車は、大きな釣り鐘《がね》の底を鉄板で塞《ふさ》ぎ、大きい鉄製の車輪を二つ取り付けたもの。実はこれ、戦車なのである。釣り鐘には、人が出入りするドアがついている。また、のぞき窓のような穴が上部にいくつか開いている。ただ、これは窓ではなく「ガラスに仕込んだ磁石をはめ、外部をのぞかなくとも方角や行動がわかるように考案されたもの」だという。

この珍妙な戦車は、藩主斉昭が家臣の久米《くめ》新七郎《しんしちろう》に命じて作製させたもので、戦闘のさいには人間一人が乗り込んで、牛に車を引かせて銃眼に銃口を差し込んで敵兵を銃撃する車だそうだ。ただ、牛が傷ついてしまえば車は動

安神車（写真提供：水戸市教育委員会）

かなくなってしまうわけで、それを防ぐため歩兵隊をしたがわせて守護させるつもりだったという。

「実戦に使用されたことはなく、また実際に役立つものかどうかは疑問である」

と現地の案内板には書かれている。

確かに実戦に用いるのは無理がある。ただ、安神車の底にあく小さな穴は、長期戦に備えて大小便をするためのものだという。それを知ったとき、徳川斉昭が列強諸国から日本の独立を守るため、必死に方策を考えていたことがよくわかった。

第八章

伊勢神宮への御蔭参りはなぜ流行したのか

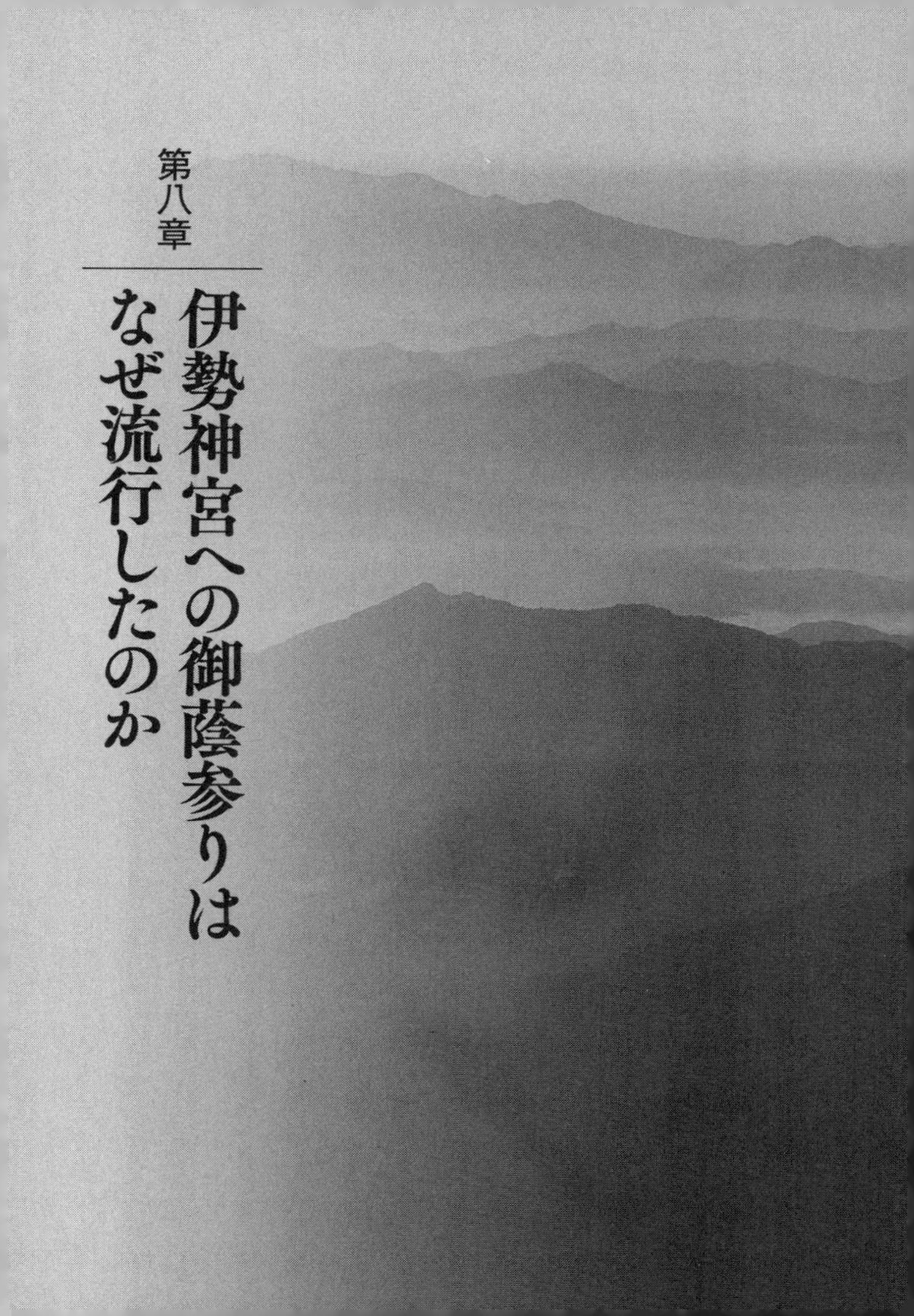

きっかけとなった大帝国の来襲

伊勢《いせ》神宮は江戸時代、日本で一番人気のある旅行先であった。いまでいえば、東京ディズニーランドのようなものだ。

江戸中期以降になると、庶民もどんどんと旅に出るようになった。善光寺《ぜんこうじ》参り、金毘羅《こんぴら》参り、四国巡礼、秩父巡礼などの寺社参詣が人気だった。表向きは信仰のため寺社にお参りするというのが理由だが、実際は異郷の地でおいしいものを食べ、参詣の途上で名所旧跡をめぐり、あるいは女性と遊ぶなどの娯楽という面もあった。

それにしても、どうして伊勢神宮が人気ナンバーワンになったのか。すでに述べたように、伊勢神宮は皇祖神天照大神を祀る神社であり、古代から皇族や貴族に厚く尊崇されてきた。中世になると、武士階級にも崇拝する人々が多くなった。とくに人気が爆発したのは元寇《げんこう》がきっかけといえた。

文永《ぶんえい》五年（一二六八）、元（モンゴル帝国）のフビライが九州の大宰府に国書を持たせた使者を派遣した。国書の内容は日本に対して通交を求めたものだったが、最後に「兵を用いることになるのは好まない」という脅しともとれる文言が記されていた。

鎌倉幕府や朝廷はこれを黙殺したが、フビライはその後も使者を派遣してきたので、文永六年に使者が来たとき、朝廷は返事をしたためた。そこには「日本は天照大神に守られ、その子孫である天皇が代々治める地である。全土に天皇の徳が及んでおり、神の国なのだ」と誇る内容が記された。なお、この国書が元に差し出されることはなかったが、日本は神国であるという観念がすでに存在していたことがわかる。

こうした頑《かたく》なな態度に業を煮やしたフビライは、文永十一年（一二七四）、三万の大軍を派遣して博多を襲撃させた。幕府軍は大いに苦戦したが、夜になると元の兵はみな、舟に乗って沖合に出てしまう。敵地なので夜襲を警戒したのかもしれないが、これが運の尽きだった。その夜、暴風雨が吹き荒れ、元軍の舟はみんな沈んでしまったといわれる。この戦いを文永の役と呼ぶ。

それから七年後の弘安《こうあん》四年（一二八一）、今度は十四万の大軍が再び博多に

風日祈宮（写真提供：神宮司庁）

来襲した。この未曽有の大軍に対し、幕府軍は善戦して敵の上陸を許さなかった。こうしてしばらく経ったある日、大型台風がこの一帯をモロに直撃、元の船のほとんどが沈没してしまった（弘安の役）。またも暴風のおかげで救われたのである。

この二度におよぶ暴風雨は、神が日本を助けるために吹かせたのだと信じられるようになり、神風と呼ばれるようになった。

じつは弘安の役のとき、朝廷は全国の大寺社に元軍の撃退を祈願させていた。伊勢神宮にも勅使として大納言二条為氏《ためうじ》がやって来たが、為氏は伊勢内宮の境内にある風社《かぜのやしろ》にも詣でた。この社の祭神は、風雨を支配する級《し》長津彦命《なつひこのみこと》、級長戸辺命《しなとべのみこと》であり、このため元寇の後、「風社の祭神が、神風を吹かせて我が国を救ってくれたのだ」といわれるようになった。そこで朝廷も正《しょう》応《おう》六年（一二九三）にこの神社を格上げ、風日祈宮《かざひのみのみや》としたのである。そんなこともあり、以後、日本は神国であり、神の加護を受けているのだという思想が広まり、風日祈宮を含む伊勢神宮の人気はさらに高まっていったのだ。

それからは、武士が伊勢神宮に土地を寄進することも多くなり、そうした武士の支配下に住む庶民たちにも伊勢信仰は広まっていった。こうして伊勢神宮は広大な領地や奉納物が集まり、財政的にも豊かになった。室町時代になると、三代将軍・足利義満《あしかがよしみつ》をはじめ、将軍たちも京都からわざわざ伊勢までお参りに来るようになる。

伊勢参りを広めた「御師」

なお、伊勢神宮の祭祀を統括する禰宜《ねぎ》は当初二名であったが、神社の規模や勢力が拡大していくと、七名に増える。禰宜に次ぐ地位を持つ神官を権《ごん》禰宜というが、この職は定員がなく、伊勢神宮の人気が増大するにつれ、百名を超える数になっていった。禰宜は伊勢の地を離れることはできなかったが、権禰宜たちはその縛りがない。このため彼らは各地へおもむき、伊勢神宮の霊験を全国に広めていったのである。

そんな伊勢神宮の繁栄も応仁《おうにん》の乱によって、危機に立たされる。伊勢神宮の荘園（所有地）が戦国大名などに侵害されたりして、税収が減少して財政が厳しくなってしまうのだ。こうした状況下、収入を確保するため、ますます権禰宜は諸国へ出むいて熱心に布教するようになった。このような権禰宜やそれより下級の神官たちは、やがて御師《おんし》と呼ばれるようになる。

では御師たちは、どのような布教活動をしたのだろうか。

具体的には、各村内や字内の人々に伊勢神宮のすばらしさを説き、村の有力者を講元《こうもと》（講親）とした伊勢神宮を信仰するグループ（伊勢講）をつくらせた。そして毎年、御師らは講元に数日間滞在して、講中の人々に祈禱してあげ、神宮の御札（大麻《たいま》）や暦《こよみ》（伊勢暦）などを配って、幣帛《へいはく》料や初穂《はつほ》料などを頂戴したのである。

伊勢講中では、年に数回集まって宴会を開いたり、伊勢踊りを踊るなどの交流を深めたが、伊勢講での最大イベントは伊勢神宮への代参であった。伊勢講中で定期的に金銭を積み立て、毎年クジにあたった数名がみんなの代わりに伊勢神宮にお参りするのだ。これを代参という。もちろん、行けるものなら誰だって個人的に伊勢参りをしたいが、当時の旅は相当な金額を必要としたので、このような方法がとられたのである。

代参に選ばれた者は、しばらくのあいだ小屋などに籠もって潔斎《けっさい》精進し、出立の前日に氏神様に参ってお祓《はら》いをしてもらい、御神酒を飲んで出かけるのが一般的であった。関東地方では、農閑期の一月から二月にかけて旅立ち、農作業が始まる前の二月下旬から三月に帰郷した。江戸から伊勢へは、三十日から三十五日かかる大旅行になったが、伊勢へは年間にすると平均五十万〜六十万人が訪れたと推定されている。

ツアーコンダクターのように御師が旅行者と行動を共にすることもあったが、たいていは代参者だけの旅となった。江戸時代、長旅などは生涯に一度あるかないかのことだったので、その多くが事前に入念な下調べをしたうえで、『旅行用心集』（旅行時の注意書）や『名所細見記《さいけんき》』（ガイドブック）などを持参して伊勢へ向った。

伊勢神宮に到着すると、宿泊するのは神宮の周囲にある御師の屋敷だった。じつは彼らの屋敷は豪華な宿泊施設になっており、いまでいえば高級ホテルだったのである。代参者たちはここに泊まって毎日すばらしい料理を饗《きょう》されるのだ。

さらに、御師は旅行者のために神宮での祈禱（神楽《かぐら》）をあげ、みやげものの販売などもおこない、すっかり代参者を満足させて帰した。当然、彼らは地元へ戻ってから、伊勢参りのすばらしさを村人たちに吹聴し、さらに伊勢神宮は人気となるという算段だ。

飼い犬に賽銭をつけてまで行かせた!?

こんなにすばらしい伊勢神宮を是非一度見てみたい。でも相当な金銭がなければ正式に伊勢参りはできない。それでも我慢できないときはどうするのか。そう、無銭旅行を決行するのである。これを抜け参りと呼ぶ。その語源は諸説あるが、ようは仕事や家庭、家族を放り出して、伊勢参りを強行するのである。道中での食べ物や必需品は、人々からの喜捨《きしゃ》に頼った。面白いのは、約六十年周期でこの抜け参りが爆発的に発生することである。この集団参詣を御蔭《おかげ》参りという。その三分の一以上が抜け参りの人々だったといわれる。

最初の御蔭参りは慶安三年（一六五〇）、その次は宝永《ほうえい》二年（一七〇五）、三度目は明和八年（一七七一）、そして最後が文政《ぶんせい》十三年（一八三〇）に発生している。

宝永二年の参拝者数は三百五十万人、最後の文政十三年は五百万人と推定される。当時の日本の人口は約三千万人だから、文政十三年の御蔭参りは、日本人六人に一人の割合で伊勢へお参りしたことになる。

御蔭参りの参拝風景はまるで集団パニックのようで、大勢が白衣を身にまとって、柄杓《ひしゃく》一本を片手にもちつつ、その中に金品や食べ物を入れてもらいながら伊勢街道を神宮へと向かった。ときには踊ったり笛を吹いたりしながら道を行く集団、男が女の格好、女が男の格好をしているものもあった。

大混雑のため、関所さえも機能しなくなったという。箱根の関所などは、多い時には二千人の人々が押しかけたものだから、通行手形を持たぬ人々も難なく伊勢へいけたのである。関所の役人を脅して酒代をせしめる悪党もいたというから驚きだ。

面白いことに、伊勢神宮にお参りできない者が飼い犬に賽銭《さいせん》をくりつけ街道に放つと、他の人々が面倒を見てくれ、そのまま犬は伊勢参りをして帰ってきたという逸話や絵が残っている。

ただ、親切な人ばかりではない。抜け参りの少年が殺されたり、さらわれたり、人妻が不義を強要されたり、美女が悪党にだまされて遊女として売られたり、病気になって道中でのたれ死ぬことも少なくなかった。

数百万人に押しかけられた伊勢神宮の沿道や門前町も、いい迷惑であった。食糧や品物が参拝者のために不足し、物価が高騰して生活が苦しくなってしまうのだ。だが、それでも住人の多くは炊きだしをしたり、無料で宿を提供するなど、ボランティア活動を広く展開して参拝者を助けたという。

歌川広重画『伊勢参宮　宮川の渡し』。中央やや左の下に伊勢参りをする犬の後ろ姿が描かれている（提供：伊勢市教育委員会）

このように伊勢神宮は、江戸時代において他の追従を許さないほどの、日本一の人気観光スポットだったのである。

コラム6 大砲を安置し、水戸黄門を祀る常磐神社

常磐《ときわ》神社は、千波湖《せんばこ》を見下ろす北山《きたやま》に位置するが、神社の歴史は意外に浅い。明治六年（一八七三）に二代藩主光圀《みつくに》（水戸黄門）や九代藩主徳川斉昭を慕う人々が運動して朝廷から常磐という社号を賜り、両人を祭神として社を創建したのが始まりである。ちなみに、光圀は高譲味道根之命《たかゆずるうましみちねのみこと》、斉昭は押健男国之御楯命《おしたけおくにのみたてのみこと》という神名を与えられている。

境内には、義烈《ぎれつ》館という資料館がある。館内には巨大な陣太鼓《じんだいこ》がある。直径は一メートル半、胴回りは五メートル近くに達する。胴には「震天動地　起雲発風　三軍踊躍　進思尽忠」という斉昭自身の文字が大きく彫られている。材質は欅《けやき》であるが、この欅は天保《てんぽう》四年（一八三三）に斉昭が藩内を巡視した際、郷士加倉井久秋の屋敷の巨木を目にし、のちに斉昭が久秋に請うて

供出させたものである。

斉昭はこの陣太鼓を、領内の千束原《せんぞくばら》での軍事演習に使用した。斉昭がはじめて追鳥狩《おいとりがり》と称して異人との戦いを想定した軍事演習をおこなうのは、天保十一年のことであった。

演習に参加した者およそ一万四千人という水戸藩の総力を結集した大規模訓練で、演習では大砲も発射された。このとき、かの陣太鼓は、十数名の兵に引っ張られ、轟音《ごうおん》を放ちながら千束原を駆けめぐったと伝えられる。以後、たびたび軍事演習がおこなわれるが、その都度、陣太鼓も活躍した。しかし、結局斉昭はこの軍事演習を理由に、幕府から謀叛の疑いをかけられ、失脚してしまうのだった。

常磐神社内には、これまた大きい大砲が安置されている。口径が三十六センチ、砲身は百二十七センチもある。当時としては常識外の巨大さである。簡易に移動できるよう樫《かし》の木でつくった車輪がついている。すぐ脇にはボウリングの球より大きな円形の砲弾が置かれている。単なる鉄球ではなく、着弾すると爆発する破裂弾だという。

コラム5に述べたように斉昭は、列強諸国の日本侵略を確信していた。そこで、領内の寺院の梵鐘《ぼんしょう》や金銅像、あるいは仏具を集めて鋳潰《いつぶ》し、それを原料に七十五門の大砲を鋳造したのである。ここに安置されている「太極《たいきょく》」という名の大砲は、そのうちのひとつで、残りの七十四門はことごとく幕府へ献上し、攘夷のため使用するよう幕閣へ献策したといわれる。

結局、列強の侵略は斉昭の杞憂に終わったが、当時の人々の危機感がよく伝わってくる。

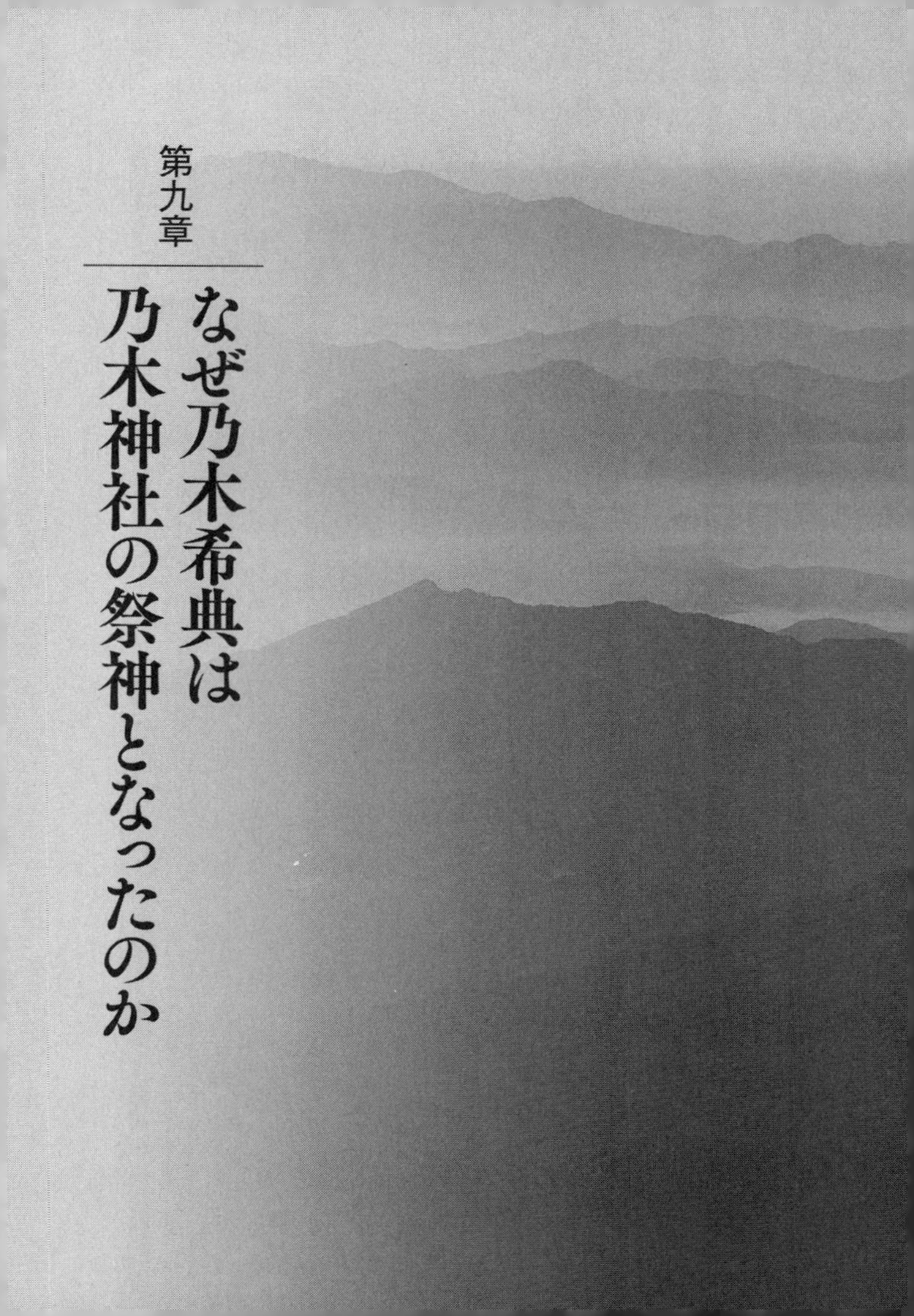

第九章

なぜ乃木希典は乃木神社の祭神となったのか

乃木坂に関する誤解

乃木坂《のぎざか》といえば、いまはアイドル・グループの「乃木坂46」を思い浮かべる方が多いのではないだろうか。

だが、いうまでもなく乃木坂は坂道の名称だ。東京都港区赤坂八丁目と九丁目の境目にある「乃木神社」前を西へ外苑《がいえん》東通りへと上っていく道のことをさす。

ただ、この坂道は、明治時代までは幽霊坂という不吉な名で呼ばれていた。それを、明治天皇の大葬のさい殉死《じゅんし》した乃木希典《まれすけ》が住んでいたことにちなんで、赤坂区議会の決議によって大正元年（一九一二）に「乃木坂」と改名されたのである。

ところで、この乃木坂について、「乃木希典の旧宅が神社となり、その乃木神社の前を通る坂道だから乃木坂と呼ばれるようになった」と考えている方がいるのではなかろうか。でも、そうではないのだ。意外にも、乃木神社が創建されたのは、乃木坂改名より後のことなのである。

それにしても、なぜ乃木希典は近代の人物でありながら、神社の祭神となったのであろうか。そのあたりの事情について、これから詳しく述べてみたい。

乃木希典は、嘉永《かえい》二年（一八四九）、長府藩《ちようふ》（長州藩の支藩）士の乃木希次《まれつぐ》の子として生まれた。父の希次《し》は、希典にスパルタ教育をほどこした。雪の上に裸足で立たせて素振りを強い、寒いと一言でも漏らせば身体に冷水をかけたという。

十六歳になると、希典は、親戚の玉木文之進《たまきぶんのしん》の門下生となった。文之進は、あの吉田松陰《よしだしよういん》の叔父であり、松陰の師でもあった。この文之進もまことに厳しい人であり、父と文之進によって、古武士のような希典の人格が形成されることになった。

第二次長州征討のさい、希典は山県有朋《やまがたありとも》のもとで報国隊の一員として戦い、左足を負傷したものの、廃藩置県後はいきなり新政府の陸軍少佐に取り立てられた。明治十年（一八七七）、西郷隆盛が反乱を起こしたとき、希典は歩兵第十四連隊長として九州小倉《こくら》にいた。このため、西郷軍と戦闘をまじえることになったが、なんと、戦いのさいに大切な連隊旗を敵に奪われるという大失態をおかしてしまう。このおり希典は、自殺して責任をとろうと考えたが、明治天皇がそれをいさめたので、思いとどまったとされる。

明治二十年（一八八七）に希典はドイツに留学するが、ドイツ陸軍の規律の正しさに感銘をうけた希典は、帰国後は寝るときも軍服を脱がずに暮らすなど、軍人の鑑《かがみ》のように模範的な生活をおくり、芸妓や酒にうつつを抜かす軍の高官を厳しくいましめるようになった。

乃木希典（国立国会図書館所蔵）

軍首脳部は、こうした生真面目な希典に辟《へき》

易《えき》して名古屋の歩兵第五旅団長に左遷したと伝えられる。これに嫌気がさしたのか、明治二十五年（一八九二）に希典は軍を休職し、栃木県那須《なす》郡狩野《かりの》村石《いし》林《ばやし》で農業に励みはじめたのである。

だが、日清関係が悪化すると再び軍に復職し、日清戦争では歩兵第一旅団長として出征、清国軍の軍事拠点・旅順《りよじゆん》港を一日で陥落させるという功績をあげた。

その後は台湾総督をつとめたが、明治三十四年（一九〇一）五月、リウマチの悪化を理由に辞表を提出した。そこで陸軍は希典に休職を仰せつけたが、以後、農夫のような生活を送り、ほとんど引退したも同然の生活になっていた。ところが日露戦争が勃発すると、またも留守近衛《このえ》師団長に任じられ、さらに明治三十七年（一九〇四）五月二日、第三軍司令官として旅順要塞の攻略へ向かうことになったのである。いうまでもなく、日清戦争のときの手腕を買われたのである。

乃木無能論は果たして真実か

この旅順港は、ロシアの太平洋艦隊の基地だった。太平洋艦隊は、日本の連合艦隊とほぼ同じ規模であったが、ロシアはさらに同規模のバルチック艦隊をヨーロッパに保有していた。日露が全面衝突するなかで、ロシアはこのバルチック艦隊を東洋へ派遣することを決定した。

もし同艦隊がやって来たら、日本の連合艦隊は戦力的に圧倒的に不利となり、制海権を奪われてしまうだろう。そこで何としても、その前にロシアの太平洋艦隊をつぶさなくてはならない。

しかしながら、艦隊の基地であった旅順港の入口はきわめて狭く、なおかつ、周囲には無数の砲台が置かれ、そこへ近づくことさえままならなかった。このため海軍では、旅順港閉塞作戦を実施する。古いボロ船を旅順港の出入り口付近で自沈させ、入口を封鎖して太平洋艦隊を湾内に封じ込めてしまおうという奇想天外な作戦だ。

しかし、この作戦は失敗に終わった。そこで海軍は仕方なく、陸側から旅順要塞を攻め落とし、港を占拠してくれるよう陸軍に要請したのである。こうして乃木希典率いる第三軍が新たに創設されたというわけだ。

だが旅順攻撃では延べ十五万の兵力を投入し、何度も正面からの総攻撃をおこなうものの、なかなか要塞を落すことができなかった。攻撃による死傷者は約六万（うち戦死は約一万五千）にのぼった。驚くべき多さである。

満州《まんしゅう》軍総司令部の児玉源太郎《こだまげんたろう》総参謀長は、犠牲者のあまりの甚大さに怒り、大山巌《おおやまいわお》総司令官の許可を得て、みずから希典のもとにやって来て指揮権の委譲《いじょう》を迫ったとされる。

希典が「致し方なし、まかす」と了承すると、児玉は第三軍の参謀たちの失態を叱責《しっせき》し、二〇三高地の奪取を厳命、周辺の砲台を潰滅させるため二十八サンチ榴弾砲《りゅうだんほう》を二千三百発も打ち込ませた。結果、わずか一週間で二〇三高地をうばい、ここから旅順港に停泊するロシア太平洋艦隊へ砲撃をおこない、あっけなくロシア軍を降伏させたのである。

こうした経緯から歴史作家の司馬遼太郎氏は、『坂の上の雲』や『殉死』、

『要塞』といった作品で、乃木希典がいかに軍事的に無能であったかを記した。司馬氏は国民的作家であったので、この乃木希典の評価は定着してしまっている。

だが近年は、当時の大本営が旅順要塞を過小評価し、第三軍に不十分な武器や弾薬しか持たせずに攻略を命じたことが明らかになっている。それに、要塞攻略法はまだ未発達で、当時としては突撃しかなかったと言われるようになってきている。さらに、戦史研究家のなかには、緒戦で二〇三高地を奪っても、無傷のロシア軍にすぐに奪還されるのがおちであり、二〇三高地に全力を向けている間に東北方面のロシア軍が日本軍の左翼や背後に迫り、日本軍が潰滅した可能性が大きいと指摘する。つまり、度重なる正面からの総攻撃でロシア軍がダメージを受けていたからこそ二〇三高地を奪取するのが可能だったのであり、なおかつ、たとえ二〇三高地を奪えなくても、旅順要塞が降伏するのは時間の問題だったという。とすれば、乃木希典が無能な司令官であったというのは、明らかに言い過ぎだといえる。

ただ、当時から希典の正面攻撃を非難する声も多く、希典自身も自責の念を抱え続けた。

明治三十九年（一九〇六）一月、希典は凱旋して明治天皇のもとに参内した。このとき旅順攻撃で多数の兵を死なせたことを報告しつつ、希典は感極まって涙を流し、復命を終えてから、「仰《あお》ぎ願わくば、臣（私）に死を賜《たま》え。割腹して罪を謝し奉《たてまつ》りたい」と述べ、そのまま平伏してしまったという。対して明治天皇は「今は死ぬべきときにあらず。もし死を願うなら、朕《ちん》が世を去りてからにせよ」とさとしたとされる。

戦後、希典は皇族や華族が通う学習院院長に就任し、迪宮裕仁《みちのみやひろひと》親王（後の昭和天皇）はじめ皇族や華族の教育をゆだねられた。明治天皇はそれだけ希典の人柄を信頼していたのである。希典も院長になると、学習院の寄宿舎に入って生徒と寝食を共にし、熱心に教育にあたった。

各地に創建された乃木神社

明治天皇が崩御《ほうぎょ》し、大正元年九月十三日に大葬の礼が挙行されることになったが、当日、御霊轜《ごれいじ》（明治天皇の霊柩《れいきゅう》を乗せた車）が皇居を出立する合図の号砲が打たれた午後八過ぎ、希典は自宅で自ら命を絶った。

『乃木大将事蹟』（塚田清市《つかだせいいち》著）には、自殺した希典の部屋の様子が記してある。

「大将の室は八畳敷二間にして、中間の襖《ふすま》を外しあり。東方の一室に由多加織《ゆたかおり》を敷き其東側の窓下に、窓掛を後にし、白布を以《もっ》て覆《おお》ひたる小机を置き、明治天皇の御真影《ごしんえい》を奉安し、榊《さかき》、磁製神酒瓶《じせいみきびん》一対、御紋章附大銀杯《ごもんしょうつきだいぎんぱい》一個を供《そな》へ、辞世の和歌三首、夫人並に親戚に宛《あ》てたる遺言書及明治十年軍旗紛失に就《つい》ての進退伺《うかがい》に対する指令書を置き、机下には重要書類と附箋《ふせん》したる白布包一個あり」、「又西方の室なる暖炉《だんろ》（室の西側）の直上に人物画の軸一幅を掛け、其上欄に保典《やすすけ》の肖像画あり、東側上欄中央に父君、右に母君、左に勝典《かつすけ》の肖像額あり」

希典はこの部屋で腹に軍刀を突きさし、腹部を十文字に割いた後、自ら咽喉《のど》を貫いて見事な最期を遂げたのである。

夫人の静子《しずこ》も夫の自刃《じじん》を見届けた後に自殺したといわれているが、彼女の体にはためらい傷があり、衣服も乱れておらず、致命傷は心臓右奥を貫いている。おそらくうまく死ねない彼女を助け、希典がとどめを刺してやり、その後、衣服をととのえてから自刃したのだろうと推測させる。

そもそも希典は、静子を道連れにするつもりはなかった。というのは、己の死後、彼女の処遇について遺書に記しているからだ。きっと静子は、希典が自殺する直前、夫とともに旅立とうと、先に自殺をはかったのだろう。

なお、希典自身は、日露戦争で二人の息子勝典と保典を戦死させている。ゆえに伯爵《はくしゃく》乃木家は、自分の死後これを断絶するよう遺書にしたためた。いずれにせよ、明治天皇が生きていたからこそ、希典は生を保っていたわけで、もはやこの世に何の未練もなかったのである。

乃木希典夫妻の殉死は、当時の人々に大きな衝撃を与えた。殉死に批判的な知識人もいたが、国民のほとんどはその行為を絶賛した。希典と親交があった作家で、軍医総督の森鷗外《もりおうがい》も、希典の死から数日後に「興津弥五右衛門《おきつやごえもん》の遺書」を書き終えている。

先に紹介したように、乃木希典の自宅前の坂道を乃木坂と名付けたことでも、国民の感激がよくわかるだろう。なお、主を失った乃木邸には多くの人々が参拝に押し掛けるようになった。

希典は明治十二年（一八七九）からこの地に住むようになったが、建物の老朽化がひどいため、明治三十五年に全面的に改築した。ちょうどドイツに留学したとき、フランス陸軍の兵舎を見学してこれをスケッチしていた。その質素でしっかりした構造が気に入ったのだとされ、希典はこの絵をもとに改築する建物を自ら設計したといわれる。

いずれにせよ、この状況を見た東京市市長の阪谷芳郎《さかたによしろう》は中央乃木会を組織し、乃木邸内にある小社に乃木夫妻の霊を祀り、希典が自害した九月十三日に毎年社前で祭儀を挙行することにしたのである。さらに乃木を祭神とする神社を創建しようという運動が開始され、大正八年（一九一九）には乃木邸に隣接して神社を創立する許可がおりた。そして大正十二年十一月一日に鎮座祭がおこなわれたのである。

残念ながら太平洋戦争末期の昭和二十年（一九四五）五月二十五日未明、アメリカ軍の空襲のため、乃木神社は焼失してしまった。だが、旧乃木邸のほう

東京の乃木神社

が奇跡的に被災を免れたのである。

なお、昭和三十七年（一九六二）、乃木神社の本殿、幣殿、拝殿は復興されている。

ところで、乃木神社といえば、私たちは東京都の赤坂にあると思っているが、じつは赤坂の乃木神社をあわせて、乃木神社は全国に六つ存在するのである。

残りの五つは、那須の乃木神社、京都の乃木神社、函館の乃木神社、長府の乃木神社、善通寺《ぜんつうじ》の乃木神社である。このうち、那須、京都、函館については、東京の乃木神社より竣工《しゅんこう》が早い。那須は希典が広大な農地を所有し、ここに自分で設計した別邸を建てた場所である。いずれも地域の人々の熱烈な要望から神社になったのだが、善通寺のケースだけは、軍国主義が台頭するなか、希典が第十一師団の師団長をしていたことから、軍の主導によって昭和十年（一九三五）に竣工したのである。

コラム7 箱館戦争の戦死者を祀る護国神社と碧血碑

明治二年（一八六九）の箱館《はこだて》戦争での死者は新政府方が約三百人、榎本武《えのもとたけ》揚率《あき》いる旧幕府方は約八百人だったといわれる。箱館山の中腹に護国《ごこく》神社（函館市青柳町《あおやぎちょう》）がある。

戦争直後の五月二十一日、新政府軍は大森浜《おおもりはま》で招魂祭《しょうこんさい》を執行し、まもなく降伏した敵兵を使役してこの土地（六千坪）を造成させ、新政府方の戦没者を埋葬して招魂場（社）とし、九月五日から三日間にわたり慰霊祭を挙行したのだ。

明治七年（一八七四）、この場所は官祭招魂場となり、昭和十四年に函館護国神社となった。太平洋戦争後、ＧＨＱの神道指令により潮見《しおみ》が丘《おか》神社と改称するが、昭和二十九年、函館護国神社に戻った。

境内の招魂場と刻まれた大きな石碑は、新政府方の清水谷公考《しみずだにきんなる》が書いた。本殿の裏手には、箱館戦争で命を落とした兵士や軍夫の墓石が並ぶ。弘前《ひろさき》藩士、備後福山《びんごふくやま》藩士、大野《おおの》藩士など出身藩は多様だが、ほとんどが二十代の若者であり、時には十代の少年もいる。

同情を禁じ得ないが、勝者の死者はまだ幸福である。旧幕府方の戦死者は、道ばたに放置された。しばらく新政府の威光を恐れて遺体を葬ろうとする者も現われなかった。だが、柳川熊吉《やながわくまきち》という侠客《きょうかく》が、箱館の実行寺《じつぎょうじ》の住職日隆《にちりゅう》に相談し、子分たちを連れて遺体を集め、実行寺や称名寺《しょうみょうじ》など箱館の諸寺院に埋葬したのだった。だが、この行為で新政府軍のとがめをうけ、処刑されかけたが、軍監田島圭蔵《たじまけいぞう》の取りなしで助命された。

明治八年、「碧血《へきけつ》碑」という銅製の三文字を張り付けた大きな碑が、東京から函館に到着した。

「義に殉じて流した血潮は、三年経つと碧《あお》くなる」という『荘子《そうし》』の言葉にちなんだ語である。

この碑は、榎本武揚や大鳥圭介など、箱館戦争で生き残った幹部たちが金を出し合ってつくった慰霊碑であった。新政府方の招魂碑に比較して、はるかに立派で大きなものだ。榎本や大鳥は、各寺に埋葬されていた約八百名の遺体を函館八幡宮の裏山（谷地頭《やちがしら》）に改葬し、その上にこの「碧血碑」を置いたのだ。

なお、柳川熊吉は晩年、この場所の墓守をして世を終えたと伝えられる。この人を記念して建てられた「柳川熊吉翁之寿碑」が「碧血碑」のすぐそばにたたずんでいる。

第十章

出雲大社の高層神殿は実在したのか

国譲り神話にみる天皇家との縁

出雲大社《いずもたいしゃ》は縁結びの神様として有名で、同社での結婚式も毎日のようにおこなわれている。そんな神社を統括する出雲大社権宮司《ごんぐうじ》の千家国麿《せんげくにまろ》氏が、二〇一四年十月五日に出雲大社で結婚式を挙げた。相手の女性は、高円宮《たかまどのみや》家の次女である典子《のりこ》さまだ。出雲大社の宮司と皇族の結婚は大きな話題となったが、そもそも出雲大社は天皇家とはたいへん縁が深い。

この神社の祭神・オオクニヌシは、じつは地上の支配者であったのだが、アマテラスの子孫の強い求めに応じて国の支配権を譲った。その代償としてオオクニヌシが求めたのが、出雲大社の建造だといわれる。この章では、そんな記紀に記されている国譲《くにゆず》り神話について詳しく語るとともに、出雲大社の驚くべき真実についても語ろうと思う。

国生み（日本をつくった）の男神・イザナギは、黄泉《よみ》の国から戻ってその穢《けが》れを落とすために禊《みそぎ》をしたが、左目をすすいだときにアマテラスが生まれ、右目を洗うとツクヨミが誕生、さらに鼻を洗ったときスサノオが生まれたという。ただ、スサノオは、イザナギの命令に従わずに泣きわめいてばかりいるので、激怒したイザナギによって高天原《たかまがはら》（天上の国）から追放されることになった。

そこでスサノオは、姉のアマテラスに別れの挨拶に出向いた。このおりスサノオが乱暴な振る舞いをしたので、神々はたちまちスサノオを地上へ放逐《ほうちく》してしまった。

地上に降りたスサノオが出雲国斐伊《ひい》川にやってくると、ヤマタノオロチという怪物に娘をいけにえに出さねばならない老夫婦と出会った。娘の名はクシナダヒメ。絶世の美女だ。

そこでスサノオは、クシナダヒメを櫛《くし》に変えて自分の髪にさして隠し、やってきたヤマタノオロチにたらふく酒を飲ませ、酔いつぶれたところを剣で刻んで倒したのである。このとき、オロチの尾から出てきた剣が天叢雲剣《あまのむらくものつるぎ》（草薙剣、三種の神器の一つ）だ。

こうしてヤマタノオロチを倒したスサノオは、クシナダヒメと結婚し、須賀《すが》という場所に屋敷をたてて暮らすようになった。そんなスサノオの六代後の子孫が、オオクニヌシなのである。

オオクニヌシには多くの兄弟（八十神《やそがみ》）があったが、彼らは稲羽《いなば》のヤガミヒメに求婚するためオオクニヌシを荷物持ちにして気多《けた》までやってきたとき、皮をはがれて苦しんでいる稲羽の素兎《しろうさぎ》を見つける。このとき八十神は、さらに素兎の苦しみが増すようないじわるをしたが、一番後ろから来たオオクニヌシが彼を助けてやった。

すると素兎は、「ヤガミヒメの心を射止めるのはあなたです」と予言したのである。それは見事に現実となり、オオクニヌシはヤガミヒメと結婚したのだ。

これに激怒した八十神は、赤く焼けた大石でオオクニヌシを殺したり、大木の割れ目に挟んで殺害したが、そのたびに母神のおかげで復活する。だが、その後も執拗《しつよう》に命を狙ってくるので、オオクニヌシはスサノオのいる根《ね》の国へとのがれたのである。

やがてオオクニヌシはスサノオの娘・スセリビメと恋におち、スサノオが与

出雲大社の大国主大神像（写真提供：島根県観光連盟）

えたさまざまな試練をうまく乗り切った。そしてスサノオが眠っている隙に、彼の宝物や武器を奪ってスセリビメとともに逃げたのだ。

　このとき追いかけてきたスサノオは、意外にも二人の前途を祝福し、「その武器で葦原《あしはらの》中国《なかつくに》（日本全土）を統一し、宇迦《うか》のふもとに大きな宮殿を建てて居住せよ」と述べたのである。そこでオオクニヌシはスサノオの言葉どおり、日本の統治者となったのだった。

　さて、高天原にいたアマテラスは、自分の子孫が地上を支配すべきだと考え、次々と子孫たちを降臨させ、国を譲るように交渉させようとしたが、遣《つか》わした者がオオクニヌシの家来になったり婿になったりしてしまって、うまくいかなかった。そこで今度はタケミカヅチをつかわした。

タケミカヅチはうまくオオクニヌシと交渉し、「自分の息子たちが承知すれば国を譲ろう」と公言させたのである。このためタケミカヅチは、オオクニヌシの息子・コトシロヌシと話し合い、国譲りに同意させ、それをオオクニヌシに報告した。

するとオオクニヌシは、もう一人の息子・タケミナカタにも尋ねてほしいという。このためタケミカヅチがタケミナカタのもとに出向いたところ、タケミナカタが力比べを挑んできたので、タケミカヅチはこれに応じ、タケミナカタの手を握りつぶしたのである。こうして二人の息子の同意をとりつけたタケミカヅチは、ついにオオクニヌシから国を譲り受けたのだ。

出雲大社の驚くべき発掘物

　ところで現在、日本で一番大きな本殿を有する神社は出雲大社だ。本殿の高さは約二十四メートルもある。

　記紀などの神話によれば、オオクニヌシは、アマテラスに国を譲るさい、「柱を高く太くした神殿を建ててほしい」と要求したという。そこで造られた大宮殿が、出雲大社だと伝えられているのだ。

　いまの本殿は、延享《えんきょう》元年（一七四四）に建てられたものである。以後、六十年後ごとに、すなわち文化《ぶんか》六年（一八〇九）、明治十四年（一八八一）、昭和二十八年（一九五三）に大修築がおこなわれている。このおり、祭神であるオオクニヌシは御仮殿《おかりでん》（現拝殿）に移る。ちょうど平成二十五年（二〇一三）が大修築の年にあたり、これを「平成の御遷宮」と呼ぶ。

　では、昔から出雲大社の本殿は二十四メートルという巨大なものだったのだろうか。

　天禄《てんろく》元年（九七〇）に成立した『口遊《くちずさみ》』という書物には、「出雲大社は東大《とうだい》寺《じ》の大仏殿より大きく、高さは十六丈《じょう》」とある。これをメートルに換算すると、なんと約四十八メートルになる。おおよそ十五、六階建てのビルに相当する。いくらなんでも、古代にそんな巨大な高層建築があったとは思えない。
だが、京都大学名誉教授だった建築史家の福山敏男《ふくやまとしお》氏は、存在すると考えたのである。出雲大社宮司の千家家には、『金輪御造営差図《かなわのごぞうえいさしず》』と呼ばれる建物の図が昔から伝わっている。確たる作成年代は不明だが、十三世紀半ばまでさかのぼる可能性がある。その古図の建物は出雲大社の本殿（社殿）だとされ、図中には太さ一・二メートルの三本の柱を金輪で束《たば》ねた絵が描かれている。福山敏男氏は『金輪御造営差図』をもとに、図面で高さ四十八メートルの空中神殿を復元したのである。

しかしこの図面については、「中世にそんな巨大建築を造る技術はない」と学者のなかでも反発する声が少なくなかった。

ところが平成十二年（二〇〇〇）、出雲大社の境内を発掘したところ、驚くべきものが発見されたのだ。一一九七～一二二九年頃と推定される本殿の巨大な柱穴二基が見つかったのである。直径が約三メートルで、木造建築としては世界最大だ。しかも穴の中には、直径約一・二メートルの三本の柱（杉木）が互いに密着して残っていた。

平成12年に発掘された出雲大社の柱（写真提供：島根県観光連盟）

つまり『金輪御造営差図』とほぼ同じ年代の本物の柱が発掘されたのだ。これにより、中世に出雲大社の本殿が四十八メートルの高層建築であったことが、ほぼ確実になった。

では、いったい、いつからこうした高層神殿が出雲大社に存在したのか、ということだが、よくわかっていない。ただ、平安時代の文献には「出雲大社の本殿があまりに高すぎて何度か倒壊した」という記録が残っている。

それにしても、なぜ何度も簡単に倒れてしまうような、不安定で高い神殿をつくったのだろうか。

平安時代の出雲大社本殿を復元した模型
(写真提供:島根県立古代出雲歴史博物館)

その理由については、残念ながら不明だ。

しかし、出雲(島根県)を含む日本海側には、縄文・弥生時代の遺跡から高層建築の遺構が多数出土している事実がある。たぶん、この地方に高層建築を祀る風習があったのだろう。あるいは、雲に乗って高い楼閣《ろうかく》に登るという中国の道教《どうきょう》の影響があるのではないかと考える学者もいる。

いずれにせよ、神話は史実ではないといわれるが、出雲大社については、神話を発掘成果が論証するかたちになったわけで、極めて珍らしい例だといえる。神話をフィクションだと馬鹿にしてはいけない。案外、脚色された話のなかに真実というものが密かに隠されているのかもしれないからだ。

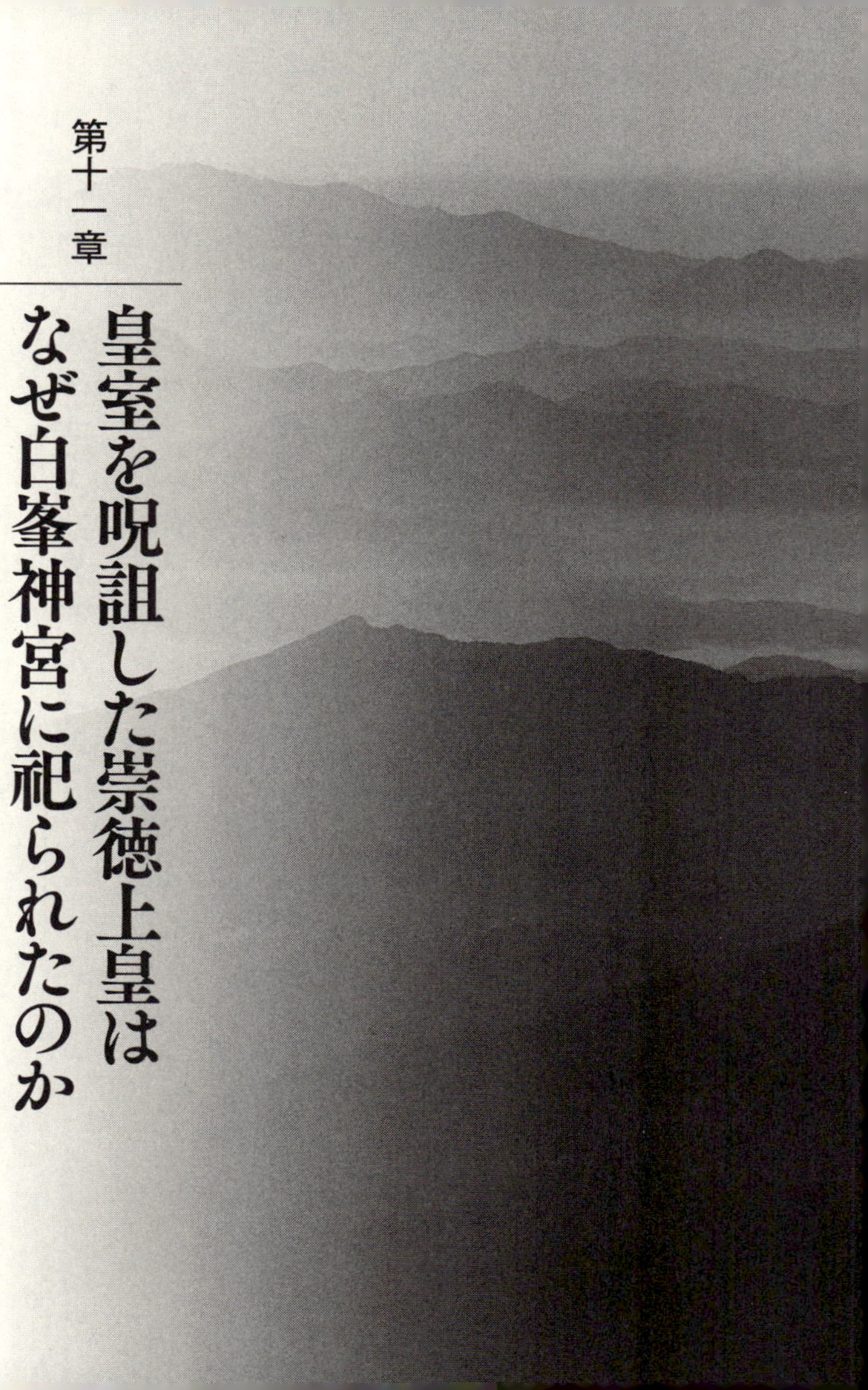

第十一章

皇室を呪詛した崇徳上皇は なぜ白峯神宮に祀られたのか

親に「叔父子」と疎まれた上皇

白峯神宮《しらみねじんぐう》は、京都の上京区今出川通堀川東入飛鳥井町《かみぎょういまでがわどおりほりかわひがしいるあすかいちょう》にある神社だ。といっても、この神社の名を聞いて、ピンと来る人はあまり多くないだろう。ただ、じつはこの白峯神宮、近年はスポーツの神様としてたいへん人気があるのだ。

もともと神社は、蹴鞠《けまり》を家業としていた飛鳥井氏という貴族の屋敷跡に創建された。飛鳥井の家祖である藤原成通《なりみち》は、蹴鞠の神様として精大明神《せいだいみょうじん》を祀る社《やしろ》を設けていたが、現在も境内にその神を安置する地主社《じしゅしゃ》があり、すぐ脇には「蹴鞠の碑」が立っている。

そんなことからサッカーをはじめ球技を学ぶ青少年が「技の上達」を祈願するため、多く訪れるようになったのだ。参詣するプロ選手も少なくないといい、本殿や社務所をのぞくと、多数のボールが置かれているのが見える。これらは、必勝を祈って奉納されたものであり、中にはプロ選手が試合で使ったボールもある。

そんなスポーツ選手の聖地になっている白峯神宮だが、この神社の創建については、驚くべき秘密が隠されている。本章はそれについて紹介したいと思う。

元永《げんえい》二年（一一一九）五月二十八日、鳥羽天皇の中宮《ちゆうぐう》・待賢門院《たいけんもんいん》璋子《しようし》が第一皇子を出産した。顕仁《あきひと》親王、のちの崇徳《すとく》上皇だ。

ただ、この顕仁は鳥羽と璋子の子ではなく、鳥羽の祖父・白河が璋子と不倫してつくった子だといわれた。もともと璋子は、白河が幼女のときにもらいうけて手元で育て、愛人とした女性なのであった。それをのちに白河が孫の鳥羽の中宮としたのだ。しかも結婚後も、二人の男女関係は続いていたらしいのである。

『古事談《こじだん》』には、「人、皆これを知るか。崇徳院（顕仁親王）は白河院（法皇）の御落子《おんおとしご》云々《うんぬん》。鳥羽院（天皇）もその由《よし》を知ろしめして、『叔父子《おじこ》』とぞ申さしめ給ひける」とある。つまり顕仁親王が不倫の子であることは宮中の公然の秘密で、鳥羽天皇自身も承知しており、顕仁親王を『叔父子』と呼んで忌《い》み嫌ったという。『叔父子』と呼んだのは、形式的には我が子であるが、内実は祖父の子、すなわち叔父にあたるからだ。

このため白河の死後、権力を握った鳥羽上皇は、崇徳天皇（顕仁）を皇位から下ろし、冷遇しつづけたのである。

やがて、鳥羽が亡くなると崇徳は実権を握ろうと、弟の後白河天皇と対立するようになり、ついにそれが武力衝突に発展する。世にいう保元の乱だ。

しかし崇徳はこの戦いに敗れ、讃岐《さぬき》へ流されることになった。幽閉先の仁和《にんな》寺《じ》を出るとき崇徳は、「故院（父鳥羽法皇）の御墓に参り、最後の暇《いとま》申して過ぎむと思し召す。叶《かな》わじや」（『保元物語』）と警固の兵に哀訴《あいそ》した。自分を憎み続けた父の鳥羽法皇ではあったが、やはりそれでも父親であった。ゆえに是非とも流される前に墓に詣でたいと思ったのだろう。

だが、そんなささやかな願いさえ、許される事はなかった。

「都には　今宵《こよい》ばかりぞ　住《すみ》の江《え》の　しき道おりぬ　いかで罪みし」

この日、崇徳上皇が詠《うた》った歌だという。従う者は、近習数名と女房三人だけだった。

崇徳は舟の屋形に押し込められ、草津《くさつ》から讃岐国へと向かった。扉は釘で厳

◆ 崇徳天皇（上皇）関係図

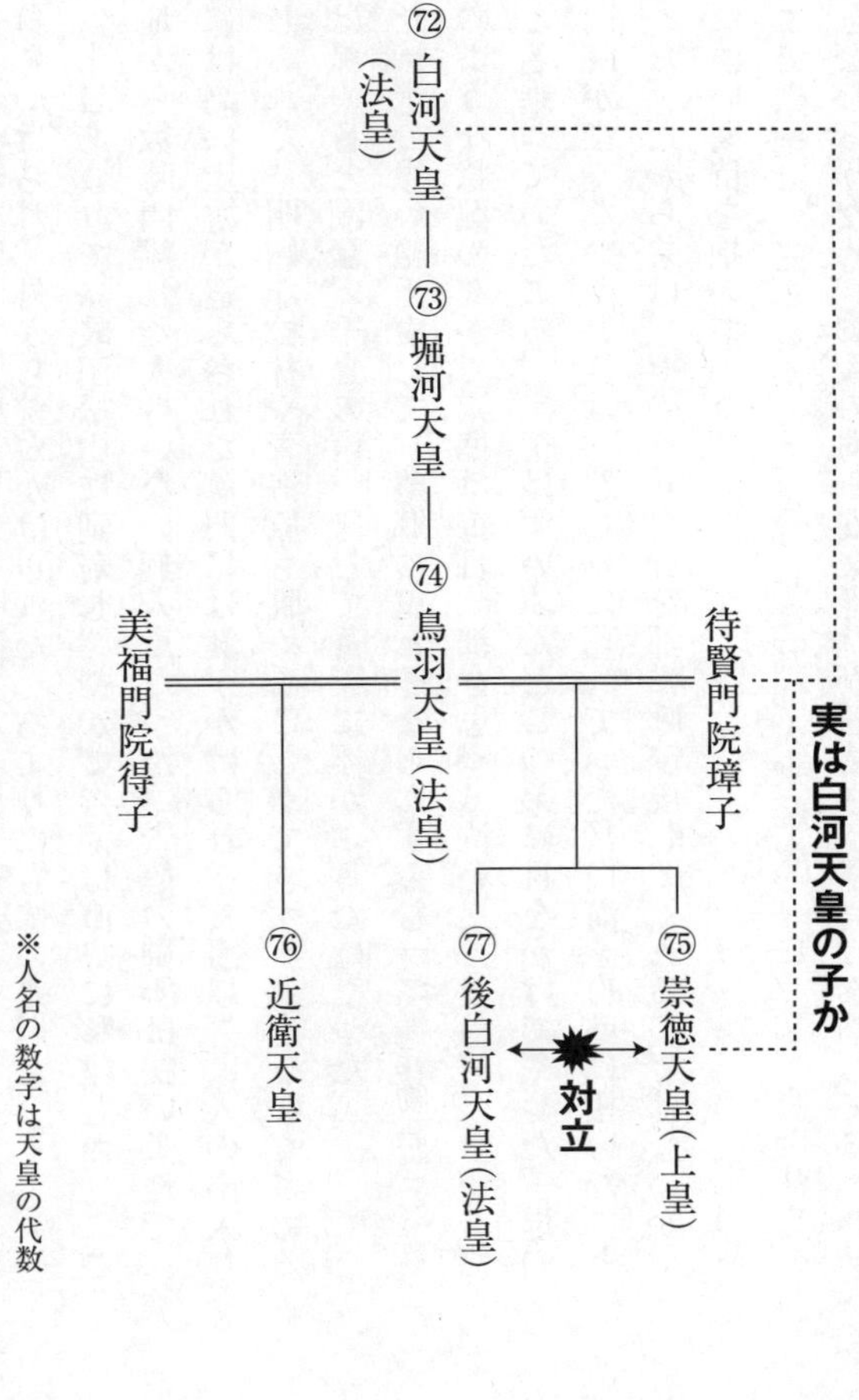

⑫白河天皇（法皇）
⑬堀河天皇
⑭鳥羽天皇（法皇）
美福門院得子
待賢門院璋子
実は白河天皇の子か
⑯近衛天皇
⑰後白河天皇（法皇）
対立
⑮崇徳天皇（上皇）
※人名の数字は天皇の代数

重に打ちつけられ、外から錠《じょう》がかけられた。あまりにも惨《むご》い処遇だ。

舟は十日あまりで讃岐国松山《まつやま》に到着し、やがて崇徳は直島《なおしま》に移座した。ここは陸地から数時間離れた人もいない無人島だった。崇徳の御所は狭い敷地で、四方には高い土塀が巡らされた。門には鍵がかけられ、食事以外は人の出入りが禁じられた。明媚《めいび》な松林や青海原も眺めることができず、上皇をなぐさめるものは風の音と潮騒《しおさい》、千鳥の声、そして蒼天に浮かぶ月だけだった。

「ただ懐土《かいど》の思い絶えずして、望郷の鬼とぞならんずらむ」(『保元物語』)

このような状況のなかで崇徳は毎日、都を思って泣いた。後白河天皇がまだ雅仁《まさひと》と名乗っていたころ、崇徳はずいぶんとこの弟に目をかけてやった。母の待賢門院が亡くなったときは、悲しみに暮れていた後白河を自邸に招いたこともあった。だから弟は、そのうち自分を都に呼び戻してくれるのではないか、そんな淡い期待を抱いていた。

そこで崇徳は、三年をかけて書写した五部大乗経を、「亡き父・鳥羽法皇の菩提をとむらうため、御陵《ごりょう》のある安楽寿院《あんらくじゅいん》か石清水八幡宮に奉納してほしい」と末弟の覚性法親王《かくしょうほっしんのう》のもとへ書き送った。同時に崇徳は、望郷の念を刻んだ

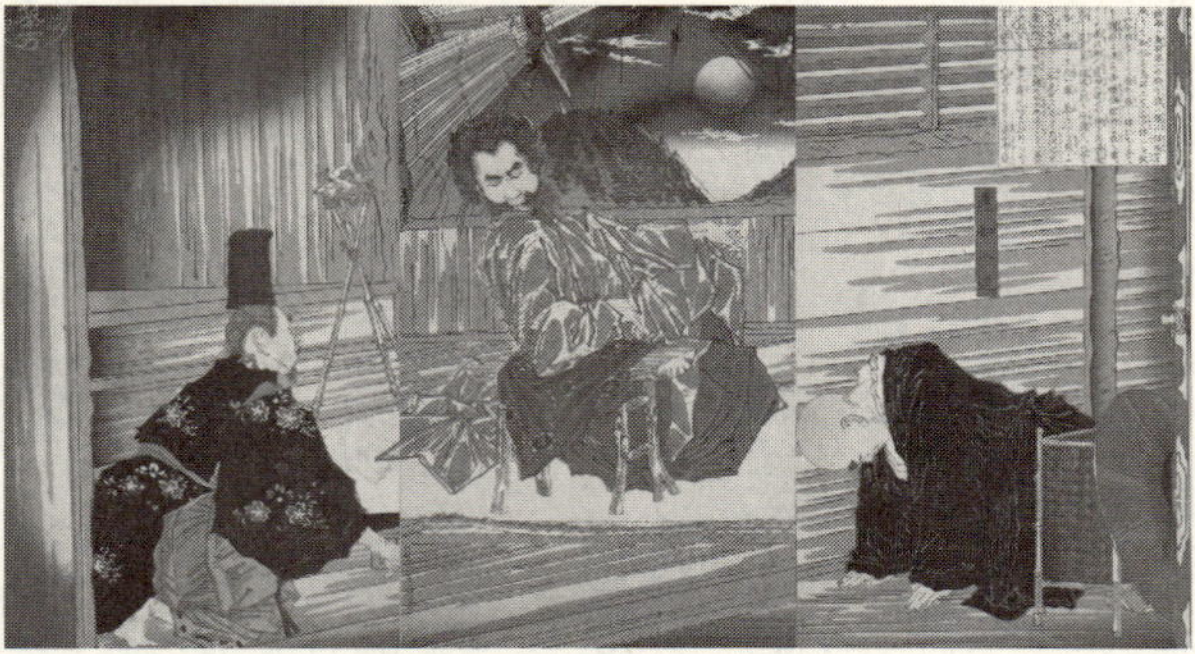

配所の崇徳上皇(中央)と訪れた蓮如(右)
(『大日本史略図会』、国立国会図書館所蔵)

別紙を、書簡に添えて送っており、そちらのほうに主意があった。

覚性は、関白の藤原忠通《ただみち》を通じて朝廷に経典奉納の許可を願い出た。ところが後白河の近臣・信西《しんぜい》が、「罪人の直筆を都に入れるのは不吉です。それに、崇徳がどんな願《がん》を経典に込めたか知れたものではありません。ひょっとしたら呪詛《じゅそ》の願文である可能性もあります」そう進言したので、後白河は許可しなかった。

これを知った崇徳は、「我、生きても無益なり」(『保元物語』)と叫んで、その日から髪も爪も延ばすにまかせ、天狗《てんぐ》のような恐ろしい姿に変じた。

その噂は都にも届き、後白河は真偽を確

かめるため、平康頼《やすより》を遣わしてその様子を探らせた。讃岐で康頼が目にしたものは、煤《すす》けた柿色の法衣をまとい、髪も爪の伸び放題の、痩せこけて目玉の飛び出た怪物だった。身の毛のよだつすさまじき姿に、康頼は崇徳と言葉を交わさずに逃げ出したという。

長寛《ちょうかん》二年（一一六四）八月二十六日、配流生活九年ののち、崇徳上皇は息絶えた。四十六歳であった。

武家政権誕生は崇徳の祟りだった？

死の直前、崇徳は恐ろしい誓願をする。必死に綴《つづ》った例の五部大乗経の功力《くりき》をもって、「日本国の大魔縁《だいまえん》（大悪魔）となりて、皇（皇室）を取って民となし、民（庶民）を皇となさん」（『保元物語』）と魔界と契約を結び、己の舌先を喰い破って流れ落ちる血潮で、経典に呪いの言葉を刻み、荒れ狂う海に沈めたのである。

讃岐国松山の西ノ庄《にしのしょう》村に野沢井《のざわい》という泉がある。崇徳が死んで、その処置を朝廷に尋ねる間の約二十日あまり、崇徳の遺体はこの冷水に浸されていたという。この泉は、のちに薬水として効力をもつようになった。

「白峰山《しらみねさん》で荼毘《だび》にふせ」という朝廷からの回答があり、遺体は泉から引き上げられ、山頂に運ばれることになった。その移送の途中、にわかに天がかき曇り、暴風雨が吹き荒れはじめた。供奉者は崇徳の棺《ひつぎ》を石に置いて雨の止むのを待った。しばらくして嘘のような晴天となったので、人々が再び棺を持ち上げたとき、全員が驚愕した。石が真っ赤な鮮血で濡れていたからである。死後、二十日以上経っているのにである。その後村人は崇徳のたたりを恐れ、血が付着した六角形の大石を高家《たかや》神社に奉納して、手厚く祀ったといい、やがてこの神社をだれともなく、「血の宮」と呼ぶようになった。

奇怪な現象はさらに続く。白峰山で崇徳の死骸を焼いたとき、その煙りは低くあたりを這《は》ったあと谷へ落ち、やがて都のほうへと流れていったと、『保元物語』は記している。

それから十三年後の治承元年（一一七七）、後白河法皇の平家打倒の密謀が発覚した。後白河は処罰を免れたものの、平清盛によって関係者の多くが重刑に処せられた。世にいう「鹿ケ谷《ししがたに》の陰謀」である。この年はまた、延暦寺の僧兵が強訴《ごうそ》と称して都に乱入を繰り返したり、天然痘《てんねんとう》が大流行して多くの人命が奪われた年でもあった。

「崇徳上皇の崇《たた》りか……」

そんな後白河の心の声は、日増しに大きくなっていった。同年七月、朝廷は崇徳の霊魂を鎮めるため、それまで讃岐院と呼ばれていた崇徳に「崇徳院」の追号《ついごう》を贈った。しかし、怨霊は鎮まるどころか、むしろ次第にはっきりとその姿を現わしていった。翌年、平清盛の娘で高倉天皇の中宮になった建礼門院《けんれいもんいん》徳子が安徳天皇を出産したが、妊娠中に体調を崩したので原因を占ってみたところ、「崇徳上皇の怨霊の仕業《しわざ》」という結果が出た。そこで清盛はあわてて崇徳の供養をおこなった。

翌治承三年（一一七九）には、清盛の弟教盛《のりもり》が次のような夢をみる。悪魔と化した崇徳上皇が、百騎の武者を率いて木幡山《こはたやま》（京都市伏見）に陣取っていた。なにやら周囲の武者たちが騒がしいので、目をこらすと、その一人は保元の乱で首を刎《は》ねられた源為義《ためよし》で、「さて、ここまではるばるやって来たが、崇徳上皇をどちらへお入れするか」と話し合っている。最後は平清盛の屋敷へ向かうことで一致し、百騎の集団は崇徳の輿《こし》をかつぎ、木幡山から疾風《しっぷう》のように飛び去った、という内容だ。

気味悪く思った教盛は、これを清盛に告げたが、清盛は相手にしなかった。しかしその後まもなく、清盛はクーデターを起こして後白河法皇を幽閉、平氏政権を樹立した。このとき教盛は、崇徳の霊が清盛に乗り移って、主君を捕らえるという恐ろしい行動をとらせたのだと考えたといわれるが、一介の武士であった清盛が、天皇家の実力者・後白河に代わって天下を握る、まさに、「皇を取って民となし、民を取って皇となす」という上皇の呪いが、ここに成就したわけだ。

それから二年後、そんな清盛も原因不明の熱病で死んだ。その熱の高いことは尋常でなく、水で冷やしてもすぐに蒸発してしまうほどだったという。清盛は数日間、熱い熱いと叫び続け、そのまま悶死《もんし》したといわれる。清盛は、挙兵した崇徳の軍勢を打ち破り、配流のきっかけをつくったことから崇徳のたたりで死んだとも噂された。

寿永《じゅえい》二年（一一八三）、源（木曽）義仲《よしなか》が平家を西に追いやり、都の覇権を掌握《しょうあく》した。後白河法皇は義仲を駆逐《くちく》しようとしたが、逆に怒った義仲に座所である法住寺を包囲され、矢を射込まれたうえ火を放たれた。後白河は炎上する寺院から命からがら逃れたが、ちょうどこのころ、海中に投じたはずの崇徳上皇の五部大乗経を元性《がんしょう》（崇徳の末子）が所有している事実が判明した。

いつのまにか、血文字を刻んだ呪いの経典が、都に入り込んでいたのである。後白河は、心底怨霊の執念に恐怖した。

同年、後白河は崇徳の魂を鎮めるため、保元の乱の戦場跡に粟田宮《あわたのみや》を建立した。だが、その後も異変は続いたらしく、「法皇が怪異におびえて自邸を引き払った」という古記録が残る。以後、死の直前まで後白河は崇徳の怨霊に悩まされ続けた。

建久二年（一一九一）、重病に冒された後白河は、病は崇徳の祟りによるものだと信じ、崇徳を荼毘にふした白峰山に一寺を建立した。名を頓証寺《とんしょうじ》といい、建物は朝廷の紫宸殿《ししんでん》を模した豪壮なものだったと伝えられる。

しかし寺を建てたその年に、後白河法皇は崩御してしまった。

崇徳が皇室没落の呪詛をおこなってから、政治の実権は平清盛、源義仲、源頼朝といった武士へ移ってしまい、後白河の後半生は、自分が権力者から転落してゆくのを自覚しながらの、辛く寂しいものになった。

ただ恐ろしいことに、関係者がすべて死に絶えたあとも、崇徳上皇の怨霊は活動をやめず、ときとして世の中を混乱に陥れ、あるいは人々を祟り殺したのである。

時は下り、慶応四年（一八六八）八月、明治天皇は白峰山に勅使を派遣し、崇徳上皇の霊を都に迎え、彼のために白峯神社を建てた。天皇はその宣命《せんみょう》のなかで「官軍に刃向かう東北諸藩を速やかに鎮圧させ、世の中を平和にしてください」と記した。いうまでもなく、朝廷の新政府軍は東北諸藩と戊辰戦争のさなかにあった。すでに幕府は潰れ、この戦争に勝てば天皇家に七百年ぶりに政権が返ってくる。いまや最後の詰めの段階だった。それを崇徳に阻止されることを危惧《きぐ》し、明治天皇は祭神として京都にお迎えし、怒りをおさえようとしたのだろう。こうして崇徳の望郷の願いは、七百年後にようやく達成されたのである。

コラム8 写楽の正体がわかる住吉神社

東京都の佃島《つくだじま》の鎮守・住吉《すみよし》神社は、正保《しょうほう》元年（一六四四）、佃島の漁師が故郷である摂津《せっつ》国住吉神社の分霊を勧請して創建したと伝えられ、海運業者や問屋からも篤く尊崇されてきた。

境内には、意外な碑が存在する。それが、六代目歌川豊国《うたがわとよくに》が建立した「東《とう》洲齋寫樂《しゅうさいしやらく》終焉ノ地」碑だ。

実は、浮世絵師の東州斎写楽は、当時はあまり人気が出ず、一年も活躍しないうちに姿を消してしまったのだ。ところが、のちに外国人によって高く評価され、いまでは喜多川歌麿《きたがわうたまろ》と並ぶ二大浮世絵師として教科書に必ず載る偉人となったのだ。

ただ、その活躍があまりに短期間であったため、写楽の経歴や正体はほとんどわかっていない。このため、いったい写楽が誰なのかということについて、これまで多くの説が浮上している。

その中の一つに、二代目下駄屋甚兵衛《じんべえ》説がある。

甚兵衛は、両足指が六本あったことからはじめ庄六《しょうろく》と称し、それが転じて画号を写楽としたというもの。もともと彼は欄間《らんま》の彫り師だったが、のち下駄屋になったという。碑には「寛政九年七月七日没」と没年月日まで記されている。

ただ、これも一つの説に過ぎず、能役者の斎藤十郎兵衛《さいとうじゅうろべえ》だとか、版元《はんもと》の蔦屋重三郎《つたやじゅうざぶろう》など、もっと有力な人物は大勢いる。

また、住吉神社の境内には、「和《やわ》らかでかたく持ちたし人ごころ」と刻まれた石碑がある。これは、佃島に生まれ、川柳五世を継いだ水谷緑亭《みずたにりょくてい》の句碑である。

境内の藤棚の脇には、高さ二メートルの電柱ほどの太さの角柱が立つ。じつはこれは、住吉神社の例大祭（四年に一度）で使用した大幟《おおのぼり》の柱（一部）

なのだ。四百キロ近い神輿が海中で激しくもみ合うのがこの祭りの特徴で、江戸時代から大変有名だった。

幟柱はなんと全長十八メートルもあり、江戸城からも鮮明に見えたといい、安藤広重《あんどうひろしげ》がその光景を錦絵に残している。

歌川広重が描いた住吉神社の大幟
(『名所江戸百景　佃じま住吉の祭』より、国立国会図書館所蔵)

住吉神社の鳥居の扁額《へんがく》は、珍しい陶製でつくられており、「住吉神社」の題字は、有栖川《ありすがわ》宮《のみや》幟仁《たるひと》親王の書である。陶製扁額のコバルトブルーの文様はたいへん鮮やかである。

境内の水盤舎《すいばんしや》は明治二年（一八六九）の再建だが、周囲の欄間はさらに古く、鳥居の扁額とともに中央区区民有形文化財に指定されている。

第十二章

八坂神社と平氏の関係、そして清盛の出生の謎

なぜ武士が太政大臣になれたのか

京都の八坂《やさか》神社は、かつて祇園《ぎおん》社、祇園神社、感神院《かんじんいん》などと呼ばれ、昔から京都の人々に親しまれてきた。ただ、八坂神社がいつ成立したかについては、諸説あってよくわからない。

七世紀半ばに高麗《こうらい》の使節である伊利之《いりし》がアマテラスの弟であるスサノオ（仏教では牛頭天王《ごず》）をこの地に祀ったのが、神社のはじまりだともいわれている。山鉾《やまほこ》の巡行で有名な京都を代表する祭りである祇園祭は、もともとはこの八坂神社の祭礼だった。あまり知られていないが、そもそもこの祇園祭は怨霊を鎮めるために始まった祭であった。九世紀後半になると、疫病や自然災害は、早良《さわら》親王、伊予《いよ》親王、橘 逸勢《たちばなのはやなり》など、この世に怨みを残した怨霊によって引き起こされると信じられるようになり、こうした怨霊（御霊）を鎮めるために御《ご》霊《りょう》会《え》が各神社でおこなわれるようになった。

祇園祭はそんな御霊会の代表なのだ。

祇園祭の山鉾

ところでこの八坂神社は、平氏政権の発展と大いに関係がある。そのあたりについて今回は詳しく語っていこうと思う。

平氏政権を樹立した平清盛は、武士でありながら太政大臣にまでのぼった。この役職は、朝廷の最高職である。そんな職に地位の低かった武士出身の平清盛が就任し、政権を握ることができた理由については、日本史の教科書でも納得できる説明がなされていない。

たとえば山川出版社の『詳説日本史B』（二〇一五）では、「平治の乱後、清盛は後白河上皇を武力で支えて昇進をとげ、蓮華王院《れんげおういん》を造営するなどの奉仕をした結果、1167（仁安2）年には太政大臣となった」とある。ただ、後白河上皇の軍事力となったり、寺を建てただけで武士が太政大臣になれるものなのだろうか。

じつは、天智十年（六七一）に大友《おおとも》皇子が太政大臣に任じられて以後、清盛までのおよそ五百年間に、太政大臣はたった三十人ほどしかいない。単純に割り算して十六、七年に一人しか任命されていないことになる。また、孝謙女帝に寵愛された道鏡を除いて、いずれも皇族か摂関家（藤原氏）の出身なのだ。

さらにいえば、清盛の後も太政大臣の職は、皇族や摂関家に限られている。武家出身者が就任するのは、なんと、清盛の就任から二百年以上のちの室町幕府三代将軍の足利義満まで待たなくてはならないのだ。

教科書では、「平氏が全盛をむかえるようになった背景には、各地での武士団の成長があった」（『詳説日本史B』）と述べ、だから清盛を中心とする平家一門が高位高官に就いたのだと説明する。たしかに、保元・平治という二つの朝廷の抗争は、武士の軍事力なしには解決できなかったのは間違いない。しかし清盛が太政大臣に就いたことや、平氏が高位高官を独占した理由としては弱すぎるのだ。

なぜなら平氏を滅ぼし、武士政権を樹立した源頼朝でさえ、朝廷での官職は権大納言に過ぎないからだ。大納言というのは、太政大臣、左大臣、右大臣に次ぐ役職なのだ。

では、清盛が朝廷で栄達した理由とは、いったい何なのか。

おそらくそれは、清盛が天皇の子供だったからだろう。

この巷説《こうせつ》に関して、京都大学の元木泰雄《もときやすお》教授は「当時、院近臣《いんのきんしん》家だけでなく、一般貴族においても大臣就任は容易ではなく、天皇家や摂関家と身内関係になければ大臣就任は困難で、清盛が「王家と何らかのミウチ関係があったとすれば、それは『平家物語』が説く皇胤《こういん》説しか考えられない。もちろん科学的に実証は困難だが、当時の人々に皇胤と信じられていたことは疑いないだろう。大臣昇進の厳しさを考える場合、本来院近臣家出身でしかない清盛が、容易に太政大臣まで登り詰めることができた原因は、皇胤とする以外に、説明がつかないのである」(『平清盛の闘い――幻の中世国家』角川ソフィア文庫)と述べている。

清盛の父は誰か？ 忠盛か、それとも……

平清盛が生まれたのは、永久《えいきゅう》六年（一一一八）正月十八日のことである。ただ、その母親が誰なのかはしっかり特定されておらず、昔から白河上皇の寵《ちょう》妃《き》である祇園女御《ぎおんのにょうご》だとする説が存在する。

現在は、その妹が清盛の母親であり、二年後の保安《ほうあん》元年（一一二〇）七月十二日に彼女が死んでしまったため、幼い清盛は祇園女御の猶子《ゆうし》としてその手元で養育されたというのが、かなり有力な説になりつつある。ただ、高橋昌明《たかはしまさあき》氏などは藤原為忠《ためただ》の娘だと主張している。

だが、問題なのは、その父親なのである。

父親など、平忠盛《ただもり》と決まり切っているではないか、そう思うかもしれない。しかし、当時から清盛の本当の父は、白河上皇だとする説が根強く存在するのである。

『平家物語』は「ある人の申けるは、清盛は忠盛が子にはあらず、まことには白河院の皇子也」（『平家物語㈡』梶原正昭・山下宏明校注　岩波文庫）として、その経緯を詳しく語っているので、紹介しよう。

白河上皇の寵妃・祇園女御は、東山のふもと祇園のほとりに住んでいて、白河は頻繁に彼女のもとに通っていた。あるとき白河は、警護の者を数人ともなって祇園女御のもとへ向かった。五月雨がしとしとと降る闇夜だった。彼女の屋敷の近くに御堂があったが、そこからいきなり光る物体が現われたのである。頭は白銀の針を磨いて逆立てたようにきらめき、片手に小槌《こづち》、もう片方に光るものを持っていた。仰天した一行は、「あなおそろし、是《これ》はまことの鬼とおぼゆる」と騒ぎたてた。このとき白河上皇は、武勇に抜きん出た忠盛を召し、「あのものを射もころし、きりもとどめなんや」（前掲書）とその退治を命じたのである。

そこで忠盛は躊躇《ちゆうちよ》せず、その鬼へと立ち向かっていった。

だが、近づいてみると、鬼はさして猛々しくなく、狐や狸が化けているだけではないかと思えてきた。そんな罪もない動物を斬り殺したとあっては、あとで後悔することになる。

「生け捕りにしよう」

そう考えた忠盛は、いきなりその鬼にとびかかって組み敷いたのである。すると鬼は「こはいかに！」と悲痛な声を上げた。それは、鬼や怪物ではなく、ただの人間であった。しかも六十歳くらいの老人だったのである。

老人はこの御堂に仕える雑用専門の僧であり、取っ手の付いた瓶を持ち、もう片方の手にかわらけに入れた種火を持ち、灯籠《とうろう》に火を灯《とも》そうとしていただけであった。その瓶が小槌、種火が光る物体に見えたのだ。さらに雨が降っていたので、濡れないように小麦の藁束《わらたば》の端っこを縛って笠のごとく頭にかぶっていた。それが火に照らされて白銀のトゲ頭に見えたのである。

まさに「幽霊の正体見たり、枯《か》れ尾花《おばな》」であった。

白河上皇は、このときの忠盛の冷静な行動に「これを射もころし、きりもころしたらんは、いかに念なからん。忠盛がふるまひやうこそ思慮ふかけれ。弓矢とる身はやさしかり」（前掲書）そう褒《ほ》めちぎり、最愛の祇園女御を忠盛に下賜《かし》したのである。

このとき彼女はすでに子供を妊娠していたので、白河は「うめらん子、女子ならば朕が子にせん、男子ならば忠盛が子にして、弓矢をとる身にしたてよ」

（前掲書）

と告げたとされる。

結局、生まれた子は男だった。それが清盛というわけだ。

ところで、現在残っている最古の清盛に関する記録は、天治《てんじ》元年（一一二四年）、彼が七歳のとき、伊勢斎王（伊勢神宮に奉仕する未婚の皇女）の一行に雑色《ぞうしき》（雑用をになう者）として加わったというものである。

平忠盛（右）と灯籠に火を灯そうとする僧
（『芳年武者无類』、国立国会図書館所蔵）

それから五年後の大《だい》治《じ》四年（一一二九）、清盛は従五位下に叙《じょ》せられている。この五位以上の位階を有する者を貴族と呼ぶが、十二歳の武士階級出身の少年が貴族の列に加わったのは異例といえた。たしかに父の忠盛は、白河法皇の近臣として栄達し、当時は従四位下になっていた。しかしながら、清盛の貴族入りは驚きの目をもって見られていたようで、権大納言の藤原宗忠《むねただ》なども「備前守忠盛男（清盛）、人耳目を驚かすか」とその人事に関して日記『中右記《ちゅうゆうき》』に書き留めるほどであった。やはりこの異常な人事は、清盛が白河法皇の御落胤だったからではないだろうか。

保延元年（一一三五）、清盛の父・忠盛は海賊追討の命を受け、見事に海賊を平らげたが、その功を息子の清盛に譲っている。自分の立てた功績を譲渡できるというのは現代では考えられないが、当時、「家」という観念が強く、伊勢平氏をいっそう発展させるため、老い先短い自分より、御落胤である清盛をより早く栄達させようという親心だったと思われる。

こうして清盛は、十八歳で従四位下にのぼった。翌年、忠盛は熊野《くまの》造営の功績も清盛に譲渡してやっている。このため清盛は十九歳で肥後《ひご》国の受領《ずりょう》（国司）に任じられたのである。

ここまで来れば、御落胤であることもあり、清盛が三位以上の公卿と呼ばれる上級貴族に列するのはほぼ確実であった。

清盛のトラウマとなった祇園社乱闘事件

ところが、そんな清盛の未来を暗転させるような事件が、八坂神社（祇園社）で起こってしまうのである。

久安《きゅうあん》三年（一一四七）、清盛は三十歳になり、この年、後の平氏の総帥となる三男宗盛が生まれている。前年には正四位下までのぼり、鳥羽法皇の皇后美《び》福門院《ふくもんいん》にも気にいられ、支援を受けられるようになっていた。まさに前途洋々だった。

そんな清盛に冷や水をあびせかけた事件が、同年六月十四日に発生する。

この日は祇園社で御霊会（怨霊を鎮める祭礼）があり、田楽《でんがく》が奉納されることになっていた。

田楽というのは、平安時代の中期から流行《はや》った芸能である。もともとは田植のさいに豊作を祈り、田の神をまつるため笛や太鼓にあわせて舞うことからはじまったといわれる。

翌日には清盛も祇園社に田楽を奉納することになった。このおり、清盛の家人たちが田楽の警備のために現地に来ていたのだが、武装していたことに腹を立てた祇園社の神人《じにん》（神社に仕える下級の神官）が「神聖な境内を何と心得ておる！　すぐに立ち去れ」と田楽の楽人《がくにん》（演奏家）もろとも社外へ追い払おうとしたのだ。

このため両者の口論から小競り合いが発生。激した清盛の郎等《ろうとう》たちが祇園社に矢を射込み、それが社殿の柱に突き刺さり、さらには神人たちがケガをしてしまったのである。

まもなく平氏側は引き上げていったが、祇園社はこの暴挙を比叡山延暦寺に訴え出た。祇園社は延暦寺の末社であったため、延暦寺は忠盛・清盛父子を流罪にしてくれるよう、鳥羽法皇に直訴したのである。

この事態に衝撃をうけた忠盛は、素直に息子清盛側の非を認め、事件に関係した郎等たち七名を鳥羽法皇に引き渡して謝罪した。そこで鳥羽はこの者たちを検非違使庁《けびいしちょう》へ差し出したが、延暦寺はそれでも清盛を赦《ゆる》そうとせず、六月二十八日、僧兵たちが大挙して強訴におよんできたのである。

鳥羽はすぐに検非違使の源光保《みつやす》に兵をつけて警備をさせるとともに、院宣を発して「なんじらの強訴を取り上げて調査をおこない、処分について審議する。三日間だけ待ってくれ」と約束した。

だが、会議では左大臣の藤原頼長が処罰をとなえたものの、平氏には罪がないというのが大勢を占めた。ただ、祇園社には役人が派遣され現場検証がおこなわれ、検非違使庁に引き渡された容疑者には拷問《ごうもん》がなされ、自白が強要された。彼等は神社の鳥居あたりにひかえていたが、境内でいきなり騒ぎがおこったので、よく事情が飲み込めぬまま矢を放ったと証言した。こうした捜査に基づき、平氏の罪を軽くする方向で事態が推移していった。

いっぽう、期限を過ぎても結論が出ないことに腹を立てた僧兵たちは、再び都になだれ込もうという動きを見せはじめた。

そこで鳥羽は、武士たちを比叡山のふもと西坂本へ派遣し、さらにその兵が交替するさいには必ず自ら閲兵《えっぺい》するという熱心さをアピールし、今回については徹底的に延暦寺と対決する姿勢をみせたのである。このような鳥羽の態度をみて、ついに延暦寺の僧兵たちも矛をおさめたのだった。

なお、祇園社乱闘事件に関しては、清盛に対して銅三十斤《きん》の罰金刑が申し渡された。つまり、軽罰ですんだわけだ。この裁定は祇園社側にも伝えられたが、まもなくすると、天台座主（延暦寺のトップ）行玄《ぎょうげん》が延暦寺の僧兵たちに襲撃されて追放されてしまった。行玄が今回の乱闘事件の解決に積極的にのぞまなかったのが僧兵たちは不満だったようだ。

僧兵と全面対決を覚悟してまで自分のことを守ってくれた鳥羽法皇に対し、清盛は絶大な恩義を感じるとともに、それがなければ、僧兵によってあやうく失脚させられそうになったわけで、僧兵勢力の恐ろしさを味わった。

清盛は、栄達した後も比叡山延暦寺とだけは事を構えないよう細心の注意を払っているが、それはやはり、この事件におけるトラウマのせいだったと思われる。

なお、これ以後の数年間、清盛の活動は記録に残っていない。たまたま残存しなかっただけなのか、しばらく謹慎していたのかわからないが、一説には、忠盛の継承者としての地位が危うくなったともいわれている。

清盛にかわって台頭したのは、乱闘事件の年に正五位下になっていた忠盛の次男で清盛の弟・家盛《いえもり》である。家盛は常陸介《ひたちのすけ》に任じられ、賀茂《かも》臨時祭において舞人を務め、ついに翌久安四年正月には従四位下右馬頭《うまのかみ》に叙せられた。清盛の位階に急接近してきたのだ。

鳥羽法皇も家盛を気にいっていたようだ。翌久安五年には、父の忠盛とともに家盛は鳥羽法皇の熊野詣に供奉している。ところが家盛は、このときすでに病気にかかっており、旅の途中でにわかに病が悪化して、京都の郊外・山崎あたりで死去してしまったのである。まだ二十六、七歳の前途有望な武将であった。

忠盛はこのとき慟哭《どうこく》のあまり、

「なみだがはわれはせきあへぬこのみちを　君よりほかにたれかしるべき」

と詠んだ。

ただ、自分に急迫していた弟の家盛が逝《い》ったことで、清盛の家督相続がしっかり定まったようで、同年六月には、高野山根本大塔《こんぽんだいとう》の再建をになった忠盛の名代として、清盛が造営の事始めの儀に代参している。さらに、同年十一月には天王寺に参詣した鳥羽法皇に供奉した。そして仁平《にんぺい》元年（一一五一）には安芸国の国守となり、さらに翌年、鳥羽法皇の五十《ごじゅうの》賀《が》（数え年五十歳になったお祝いの儀）の中心となって活躍したのだった。いずれにせよ八坂神社（祇園社）は平清盛とたいへん縁のある神社なのである。

第十三章

白河法皇はなぜ熊野三山を尊崇したのか

浄土信仰と熊野

熊野三山《くまのさんざん》は一つの神社ではなく、紀伊国（和歌山県）牟婁《むろ》郡にある熊野の本《ほん》宮《ぐう》大社、速玉《はやたま》大社（新宮《しんぐう》）、那智《なち》大社の三つ神社の総称をさす。ただ、京都の上賀茂《かみがも》神社と下鴨神社のように、数十分歩いて互いに往復できる距離ではない。それぞれが二十〜四十キロ近く離れているのである。

おそらく、それぞれが別々の神社として成立したのだろうが、平安時代後期になると一体化して熊野三山と呼ばれる一大聖地となる。また、本宮の祭神を家津御子大神《けつみこのおおかみ》、新宮の祭神を熊野速玉大神《はやたまのおおかみ》、那智の祭神を夫須美大神《ふすみのおおかみ》と呼び、この三つの祭神は、相互に勧請《かんじょう》されて「熊野三所《さんしょ》権現」と称されるようになった。

よく知られているように、奈良時代から平安時代になると、神道と仏教が完全に融合する。神社に仏像が安置され神宮寺《じんぐうじ》が建てられたり、寺院に鳥居が立ったりする。こうした現象を神仏習合《しんぶつしゅうごう》と呼ぶが、同時に仏教における仏たち

◆熊野三山地図

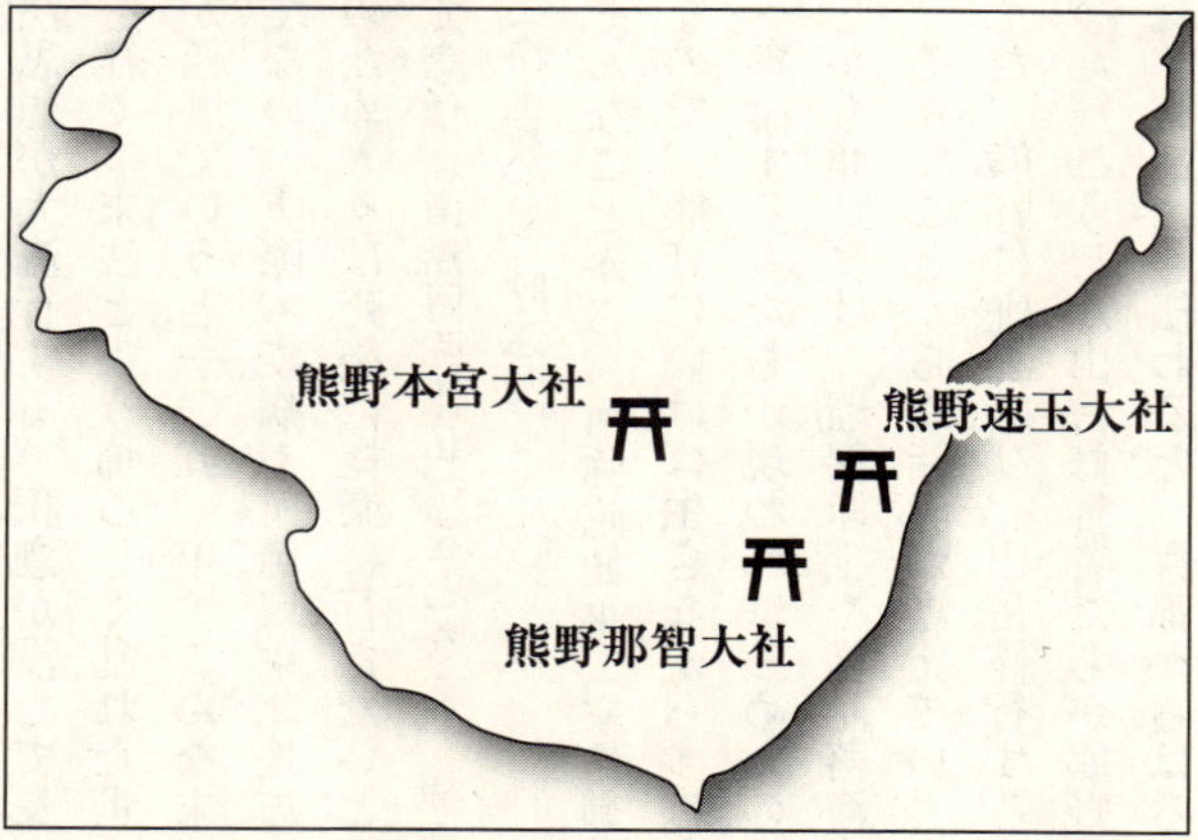

は、日本に来て仮の姿として神道の神になったと考えられるようになった。たとえば、仏教で最高の大日如来は、日本では天照大神として出現したという具合にである。こうした考え方を本地《ほんじ》垂迹《すいじゃく》説というが、それは熊野三山も同様だった。

本宮の家津御子大神は阿弥陀《あみだ》如来、新宮の熊野速玉大神は薬師《やくし》如来、那智の夫須美大神は千手観音《せんじゅかんのん》と見なされたのである。阿弥陀如来は極楽（西方）浄土におり、薬師如来は東方の瑠璃《るり》浄土、千手観音は補陀《ふだ》落《らく》浄土にいる。

平安時代中期になると、日本では

末法《まっぽう》思想が大流行する。釈迦《しゃか》が没して長い年月が経つと、正法《しょうぼう》、像法《ぞうぼう》という時代を経て、末法という怖ろしく乱れた世の中に突入すると考えられたのだ。それが西暦でいうと一〇五二年。こんな末法の世の中では、生きることに希望が持てない。実際、疫病や飢饉《ききん》、東北地方では蝦夷《えみし》の大規模な反乱が起こった。このため人々は死後に極楽に行きたいと切に願うようになる。阿弥陀様を信仰して念仏（南無阿弥陀仏）をとなえ、極楽往生したい。こうした信仰を浄土信仰（浄土教）と呼ぶ。

そんなことから、阿弥陀如来（家津御子大神）のいる熊野本宮大社は極楽浄土なので、熊野にいけば生きながらすばらしい清浄な地を拝めると期待し、熊野へ参詣する者たちが現われはじめたのである。

しかも熊野には、瑠璃浄土や補陀落浄土もあるから、大いに御利益があるはず。そんなことから参詣者が増えていったのだろう。

また、熊野に庵《いおり》を結び、山岳修行する僧や世捨て人、修験者《しゅげんじゃ》なども増加していった。こうした山岳修行者たちが熊野のすばらしさを諸国へ広めたらしい。

それが京都にも伝わると、京都からはるばる熊野まで参拝する皇族や貴族も現われ始めた。宇多《うだ》法皇は延喜《えんぎ》七年（九〇七）に熊野に詣でているが、これが初めて参詣した貴人の記録である。ただ、「蟻《あり》の熊野詣」とうたわれるように、大流行するきっかけをつくったのは白河法皇であった。

白河法皇は、それまでの政治形態を破壊し、院政と呼ばれる新たな政治を創設した人物である。応徳《おうとく》三年（一〇八六）、天皇だった白河は、にわかに八歳の第一皇子・善仁《たるひと》親王（堀河《ほりかわ》天皇）に譲位し、院（上皇の御所）に院庁《いんのちょう》と呼ぶ役所を開設、ここで政務をとるようになった。これが、院政のはじまりだ。有力な皇位継承候補であった弟の輔仁《すけひと》親王を斥《しりぞ》けるための方策だったというが、以後、白河上皇（法皇）は、堀河、孫の鳥羽、ひ孫の崇徳の三天皇の時代、四十三年にわたって政界に君臨し続けた。白河は「治天《ちてん》の君」と称されたが、これは天下を統治する君主という意味である。

白河上皇は、引退した天皇という比較的自由な立場から、これまでの慣例を平然と破ることも多く、晩年になっていっそう独裁的な傾向を見せた。規則を無視して気ままに朝廷の人事をおこなったり、寺の落成式が雨で三度も中止になったことに立腹し、雨水を器に入れ獄につないだりした。ただ「鴨河（賀茂

熊野本宮大社（写真提供：和歌山県）

川）の水、双六《すごろく》の賽《さい》、山法師《やまほうし》、これぞわが御心に叶《かな》はぬもの」と、賀茂川の水、双六の賽、山法師（僧兵という延暦寺に属する武装僧侶）だけは思い通りにならないと歎《なげ》いている。

これを「天下三不如意《ふにょい》」というが、確かに賀茂川の氾濫《はんらん》、サイコロの目は思い通りにならないだろうが、僧兵をおさえるなど、国家権力を掌握する白河なら、訳も無かったはず。それができなかったのは、彼が神仏を篤《あつ》く尊崇し、仏罰を恐れて僧兵に手が出せなかったからだ。

このように信仰心の篤い白河上皇ゆえ、当然熊野にも足を運んだのである。

最初の熊野詣は、寛治《かんじ》四年（一〇九〇）のことであった。同年一月十五日に鳥羽殿へ向かい、翌日から藤原師信《もろのぶ》という近臣のところで体を清め、二十二日に都を出立し、翌月二十六日に戻って来た。この熊野行幸《ぎょうこう》では、園城寺《おんじょうじ》の増誉《ぞうよ》が熊野詣の案内をつとめた。このような案内人を先達《せんだつ》と呼ぶ。

晩年になると、白河は毎年のように熊野行幸を実施した。大治二年（一一二七）とその翌年には、孫の鳥羽上皇とその中宮・待賢門院《たいけんもんいん》も同道している。熊野は、高野山のように女人禁制ではなく、女性や庶民にも参拝は認められていたところに特徴があり、鳥羽上皇は生涯に二十一回も熊野を訪れているが、そのうち十五回は待賢門院や寵妃《ちょうき》の美福門院《びふくもんいん》を伴っている。なお、待賢門院をはじめ、皇后や妃《きさき》などが単独で熊野詣をおこなうこともしばしばあった。

熊野がなければ三十三間堂も清盛も……

京都から熊野まで往復でおよそ六百六十キロもあり、そのほとんどは陸路である。しかも二十日から三十日ほどの大旅行だ。そんな熊野に最も熱心に詣でたのが、鳥羽法皇の子・後白河上皇（白河の曽孫）だ。

驚くべきことに、その生涯に後白河は、三十四度も熊野へ詣でている。白河の九回、鳥羽の二十一回にくらべても、いかに多いかがわかる。

よほど熊野を崇敬していたようで、後白河が編纂した『梁塵《りょうじん》秘抄《ひしょう》』には、熊野詣についての今様《いまよう》（当世風の歌謡）がいくつも載録されている。そのなかに、

「熊野へ参らんと思えども、徒歩《かち》より参れば道遠し　すぐれて山峻《きび》し　馬にて参れば苦行ならず　空より参らん　羽賜《た》べ若王子《にゃくおうじ》」

というものがある。これを現代語にすると、

「熊野へ行こうと思うが、歩いていけば遠いし、山は険しい。馬で行っては仏教の修行にならない。ならば、いっそ空から参ろう。どうか翼をください、熊野三山の祭神・若王子よ」

といった意味になろう。当時は車や電車、ましてや飛行機もないから、遠距離を徒歩や輿、船で熊野まで行った。三十四回も往復しているのだ。その大変さは、後白河も身にしみて感じていたはず。ゆえに、この今様を『梁塵秘抄』

に載録したのだろう。

ところで、京都に来た修学旅行生が必ず見学する京都の名所・三十三間堂（蓮華王院本堂）は、後白河が熊野に参詣したからこそ、建立されたといえる寺院なのである。

応保《おうほう》二年（一一六二）正月に後白河が熊野へ参詣したさい、千手観音経千巻を誦《じゅ》した。このとき、パッとご神体の鏡が輝いたように見えたのだ。すると後白河は、「この現象は奇瑞に違いない」と信じ、読んでいたお経にちなんで、壮麗な観音堂を自分の敷地内につくろうと思いついたのである。ちょうど後白河は前年、藤原為光《ためみつ》が創建した法住寺一帯（十余町）を住処とするようになっていた。隣接する六波羅《ろくはら》には、平清盛率いる平氏一門の屋敷が林立している。おそらく後白河は、軍事力として頼りにしていた清盛の近くに住むことにしたのだろう。

さて、法住寺殿の敷地に観音堂をつくりはじめたものの、資金が不足して造営は計画どおり進まない。そんなところに助け舟を出したのが清盛であった。『愚管抄《ぐかんしょう》』には「清盛ウケ玉ハリテ備前《びぜん》国ニテ造リマイラセケレバ、長寛二年

（一一六四）十二月十七日ニ供養アリケル」とあり、清盛の知行国である備前国の収益を御堂造営費にあてたことがわかる。

じつは、後白河の父・鳥羽法皇も得長寿院《とくちょうじゅいん》と呼ぶ千体観音堂を創建している。しかも、資金を提供したのは、清盛の父・忠盛だった。それを知っていたので、後白河は平清盛に資金援助を要請したのだろう。

ともあれ、こうして創建されたのが、蓮華王院本堂なのである。堂内には千体の観音像が安置されており、その形状から三十三間堂と呼ばれるようになった。現在は鎌倉時代に再建された建物だが、京都を代表する古建築だ。

さて、後白河のために三十三間堂をつくった平清盛も、生涯に何度も熊野詣をしている。だが、後白河の近臣である藤原信頼《のぶより》は、同じく近臣の信西と対立、清盛が熊野詣のため京都を留守にした平治元年（一一五九）十二月九日夜、源義朝とともに兵を挙げ、信西を殺害し、一気に政権を握ってしまおうと企んだのである。

この平治の乱を清盛は熊野詣に行く途中の紀伊国田辺《たなべ》宿で知った。このとき清盛が率いていたのは、わずか十五騎だった。このため清盛は、都へ戻るのは

熊野古道(写真提供:和歌山県)

難しいと判断、いったん九州か四国へ退くことを考えた。ところが息子の重盛らに叱咤され、都に戻ることにしたのだ。ちょうど湯浅宗重《ゆあさむねしげ》や熊野別当湛快《たんかい》らも駆けつけ、五十騎以上の軍勢にふくれあがったことも清盛の帰京を後押ししたようだ。

こうして清盛は都へ戻り、いったん信頼に従うふりをして、幽閉されていた二条《にじょう》天皇を脱出させて自分の屋敷に招き入れ、勅命というかたちで藤原信頼と源義朝の軍勢を撃破したのである。これにより、清盛は朝廷の唯一の軍事力となり、後白河法皇に寵愛されて太政大臣の地位にのぼった。清盛は自分の娘を摂関家や天皇家に輿入れさせ、その力は後白河一派をしのぐほどになった。やがて娘の徳子が高倉天皇との間に皇子を生むと、外戚になった清盛は後白河を幽閉して平氏政権を樹立したのである。

いずれにせよ、熊野詣が清盛の人生を変えるきっかけになったのは確かだろう。

戦国時代の宣教師を仰天させた風習

だが、平氏の天下は長続きせず、政権を打ち立てた翌治承四年（一一八〇）、以仁王《もちひとおう》と源頼政《よりまさ》が挙兵、これに呼応した各地の源氏や僧兵が兵をあげ、源平の争乱がはじまる。まさにここが清盛の正念場だったが、熱病により翌年、あっけなく死去してしまったのだ。

これにより平氏政権は一気に弱体化し、それから二年後、北陸の木曽義仲の軍勢が比叡山に陣取ると平氏は都落ちすることになった。

なお、清盛の嫡孫・維盛《これもり》も平氏の都落ちのとき、妻子を残して泣く泣く一人で一門に同行したが、富士川《ふじがわ》の戦いや倶利伽羅峠《くりからとうげ》の戦いで大敗を喫していたので、一族の中で微妙な立場に立つようになった。このため、元暦《げんりゃく》二年（一一八五）二月、平氏の拠点としていた屋島《やしま》から逃亡してしまう。どうしても都に残してきた妻子が忘れられなかったのだともいう。その後維盛は、高野山へ向かい、旧知の滝口入道《たきぐちにゅうどう》に自分の思いを語り、出家して熊野へと向かった。そして本宮、新宮、那智などを巡礼してまわり、熊野参詣を終えた維盛は、小舟にのって海にこぎ出し、西方に手をあわせ、念仏をとなえながら入水したのである。

この行為は「観音補陀落渡海《かんのんふだらくとかい》」と呼ばれ、この地で入水すれば、天国に行けると考えられていた。

この風習は、戦国時代にもまだ存在したようで、宣教師のガスパル・ビレラは、

「彼らは大きい鎌をたずさえて船に乗る。手持ちのなかで最良の衣服を着し、各々が背中に大石をくくりつけ、袖にも石を満たし、一刻も早く天国に到着しようとする。そして沖に漕ぎ出た舟から、波濤《はとう》へ身を投じるのであるが、その

瞬間に、彼らが大いなる歓喜を示すのを見たとき、この宣教師はまったく仰天せざるを得なかった」（『耶蘇会士日本通信《やそかいしにほんつうしん》』）とその行為に衝撃を受けている。

いずれにせよ、白河上皇の熊野行幸によって熊野の人気があがると、先達と呼ばれる山岳修行者たちが全国へ散ってその霊験を語り、それを聞いて信徒になった人々が熊野を目指すようになった。熊野詣に来た信徒たちは、宿坊《しゅくぼう》を経営する御師《おし》のところに泊まり、参詣の案内を受けた。つまり、先達が旅行会社の営業、御師がホテルや旅館兼現地ガイドだったといえる。

だが、そんな聖地熊野の人気は、戦国時代に陰り、江戸時代には伊勢神宮に取って代わられるのである。

コラム9 め組の喧嘩の舞台・芝神明社

寛弘《かんこう》二年（一〇〇五）に創建された芝神明社《しばしんめいしゃ》（芝大神宮）は、天照大神・豊受大神の二柱を祭神とする。江戸時代には幕府の篤い保護をうけ、「関東のお伊勢さま」と呼ばれて賑《にぎ》わった。

例祭は「芝神明のだらだら祭り」と呼ばれる。九月十一日より二十一日まで休むことなく続けられるからで、日本一長い例祭だといわれている。

この祭では生姜《しょうが》や甘酒、千木筥《ちぎばこ》が同社の名物として売られる。祭りのことを「生姜市」と称するほど大量の生姜が販売されたのは、周辺に生姜畑が広がっていたからだ。芝神明社の生姜を食べると風邪をひかないとされた。

千木筥というのは、曲物《まげもの》の小櫃《こひつ》をかたどった玩具のこと。神社の千木の余材でつくったのでその名がついたとされ、「千着」に通じるというので、女性たちは着物が増えるのを願って箪笥《たんす》に入れた。

芝神明社の境内には、芝居小屋や見世物小屋、矢場などが並んでいて、例祭以外でも人の集まる盛り場であった。だから、境内では喧嘩《けんか》もよく起こった。有名なのは、文化二年（一八〇五）二月の「め組の喧嘩」である。

町火消の辰五郎《たつごろう》らが木戸銭《きどせん》を払わずに芝神明社の勧進相撲を見物しようとして木戸番にとがめられ、ちょうど通りかかった力士・九竜山《くりゅうざん》が木戸番に味方したことが発端となった。その場は互いに引き下がったが、その日、辰五郎と九竜山は運悪く境内の芝居小屋で再び鉢合わせし、互いに罵詈雑言《ばりぞうごん》の応酬《おうしゅう》となり、ついに九竜山が辰五郎を投げ飛ばし、九竜山の弟子・四ッ車《よつぐるま》大八《だいはち》が辰五郎の仲間・富士松《ふじまつ》に斬りつけるという騒動に発展したのである。

闘いが力士側に有利になると、火消らは身軽さを利用して屋根にのがれて瓦を投げつけるとともに、一人が火の見櫓《やぐら》にのぼって半鐘《はんしょう》を鳴らした。このため続々と火消が現場へ駆けつけ、大乱闘となった。

結局、多数が町奉行所に逮捕され、辰五郎や九竜山など数名が追放刑に処され、喧嘩の発端をつくった火消側に五十貫文という罰金が科された。

面白いことに、この喧嘩を拡大させた半鐘は、三宅《みやけ》島へ遠島《えんとう》になっている。しかし、明治になって鐘は芝神明に還納され、大祭期間中だけ一般に展示される。

なお、この「め組の喧嘩」は『神明恵和合取組《かみのめぐみわごうのとりくみ》』と題する歌舞伎の演目となり、現在も上演され続けている。主演俳優は演じるにさい、芝大神宮に参拝するのが習わしとなっているそうだ。

第十四章

明治神宮はいかに生まれ、外苑はいかにつくられたか

国民の精神的支柱だった明治天皇

明治天皇を祭神とする東京の明治神宮は、徳川家康の日光東照宮とは異なって、明治天皇の墓所は存在しない。また、神社とは離れた場所に「外苑《がいえん》」を持つ何とも不思議な形態をとっている。いったいどのような経緯で明治神宮が生まれ、そして外苑がつくられたのか。そのあたりについて詳しく紹介していこう。

明治天皇は、孝明《こうめい》天皇の第二皇子として嘉永五年（一八五二）に権大納言の中山忠能《なかやまただよし》の娘・慶子《よしこ》を母として誕生した。ペリーが来航する一年前のことであった。名を睦仁《むつひと》といった。

父・孝明天皇の急死にともない、皇太子を経ずして慶応三年（一八六七）に即位した。まだ十六歳（満年齢十四歳）の少年であった。同年十月、幕府が大政奉還したのを受け、十二月に王政復古の大号令を発し、新政府を樹立した。ただ天皇は、少年ゆえに政治の実権を持たず、新政府は薩長倒幕派の牛耳るところとなった。

明治時代になると、一世一元《いっせいいちげん》の制が定められ、天皇一代につき、元号は一つとする法令が成立した。ちなみに明治という元号は、越前《えちぜん》福井藩主松平春嶽《しゅんがく》がいくつか候補を決め、明治天皇がクジを引いて決定したという。戊辰戦争で新政府が全国を統一した後も、明治天皇はしばらく政治権力はもたなかった。ただ、政権の象徴として、たびたび地方巡幸をおこない、国民に新しい支配者であるということが急速に浸透していった。

明治十年代に入ると、明治天皇の意を受けて佐々木高行《ささきたかゆき》など宮中（宮内省）の側近（侍補《じほ》）を中心に天皇親政運動が展開されたが、伊藤博文《いとうひろぶみ》など行政側の高官の反対にあい、うまくいかなかった。けれど、明治天皇が閣議に参加することは多くなった。

政府の実力者・伊藤博文が憲法草案をつくって枢密院《すうみついん》で天皇臨席のもとこれを審議させたとき、天皇の権限をめぐって両者の間に多少の対立があったが、明治二十二年（一八八九）、大日本帝国憲法が制定されると、明治天皇は立憲君主の立場をしっかりと受け入れたとされる。

その後、日本は、猛烈な殖産興業政策を展開し、富国強兵に成功して日清・日露戦争に勝って列強諸国と肩を並べるまでになった。

明治天皇は、そんな強国日本の象徴的存在であり、国民の精神的支柱だといえた。

だが、日露戦争での心労もあってか、明治四十五年（一九一二）になると、持病の糖尿病が悪化して慢性腎炎から尿毒症に陥り、七月二十九日に崩御したのである。満年齢で五十九歳であった。ただし諸事情により、崩御の日は七月三十日とされた。

渋沢栄一が中心となった神宮創建運動

冒頭で、明治天皇の陵墓は東京には存在しないと述べたが、では天皇の墓所がどこにあるかをご存じだろうか。

じつは、京都の桃山《ももやま》に存在するのだ。

これは、明治天皇本人の遺志であった。明治三十六年、京都に行幸したさい、皇后と夕食をとりながら昔話をしていた。すると突然、「もし自分が死んだら、京都の桃山に山陵をつくって葬って欲しい」と述べたのだという。

その遺言は果たされたが、当然、皇居のある東京の人びとは、陵墓が東京近郊につくられると信じており、すぐに御陵建設請願運動も始まっていただけに大いに失望した。しかし、その後まもなくして「明治天皇をお祀りできる神社をつくろう」という運動が盛り上がる。

中心になったのは、大実業家であった渋沢栄一《しぶさわえいいち》、東京市長の阪谷芳郎《さかたによしろう》らであった。

運動の始まりは、天皇崩御の二日後のこと。渋沢、阪谷、そして東京商業会議所会頭の中野武営《なかのぶえい》の三人が集まり、明治天皇の陵墓を東京につくるため陳情をおこなおうと話し合ったのがきっかけだった。ただ、天皇の遺志により陵墓は京都と決まっていると知ると、彼らは天皇を祀る神社を創建する運動へと舵《かじ》を切った。

八月九日、渋沢らは東京の有力者百名以上に呼びかけて神社を創建するための有志委員会を立ち上げた。そして八月二十日、「覚書」と題する具体的な神社建設案を全員一致で可決した。

その計画によれば、明治天皇をお祀りする神社は、内苑《ないえん》と外苑からなり、内苑の場所は代々木御料地として国費で造営し、それとは別の外苑は候補地を青山練兵場とするというものだった。外苑には、明治天皇の記念館などを建設することも記されており、このときの青写真が後にほぼそのまま採用されることになったわけだ。

ただ、明治天皇を祀る神宮を誘致しようとしたのは東京だけではなかった。各地からも続々と要望がおこり、政府としてもいろいろと検討したようだ。遠くは富士山、箱根山、筑波山、近くは上野公園、駿河台、小石川《こいしかわ》植物園、井《い》の頭《かしら》公園なども候補地の一つであった。

渋沢らはこの「覚書」をもとに西園寺公望《さいおんじきんもち》総理大臣、原敬《はらたけし》内務大臣など閣僚らに実現を働きかけた。また、大隈重信《おおくましげのぶ》、山県有朋、桂太郎《かつらたろう》など政府の実力者たちにも面会を求めて協力をあおいだ。

渋沢ら有志の動きは新聞で逐一報道され、国民的な関心を誘った。どうやらこれも渋沢らの、政府を動かすマスコミ戦略だったらしい。さらに、渋沢をリ

渋沢栄一
（国立国会図書館所蔵、以下同）

阪谷芳郎

中野武営

ーダーとする有志委員会に属する代議士たちが中心になって、衆議院に明治天皇の神社を建設する請願・建議を提出、満場一致で可決された。同じく貴族院でも可決された。こうして政府にプレッシャーを与えた結果、ついに大正二年八月、原敬内務大臣は「明治天皇奉祀ノ神宮ニ関スル件」を閣議に提出して十月に決定され、原敬内務大臣を長とする「神社奉祀調査会」がつくられた。当然、その委員として渋沢と阪谷も選ばれた。かくして翌年二月、鎮座の地が渋沢らの「覚書」のとおり代々木の地に決まり、翌大正四年、内務省に明治神宮造営局が設置されたのである。

渋沢と阪谷も造営局の評議員として、その後も明治神宮の造営にかかわることになった。社殿の建築を担当したのは、社寺建築の第一人者だった伊東忠《いとうちゅう》太《た》である。伊東は最終的にもっとも日本に普及している素木造《しらきづくり》の銅板葺《どうばんぶき》、その建築形式は流造《ながれづくり》を採用した。

清正井、東京オリンピック、出陣学徒壮行会……

現在、明治神宮内苑には、社殿を中心に七十二ヘクタールの広大な森林が広がっている。東京ドーム十五個分にあたるこの森林は、驚くべきことに、何もないところに一から人工的に作り上げたものなのだ。神宮の森は、林学者の本多静六《ほんだせいろく》が中心になって「天然更新」をキーワードに、人の手を離れて永遠に繁栄する森をイメージしてつくったという。東京の気候に適した常緑広葉樹が植林されていったが、十万本が国民からの献納であった。

社殿と内苑の造営はちょうど大戦景気の最中におこなわれたので、物価が高騰し、人件費が急増してしまう。そこで献木《けんぼく》を募ったり、労働力については青年団に依存したのである。そんな青年団の中心メンバー・田澤義鋪《たざわよしはる》によれば、二百八十近い青年団体から一日に一万五千人が神宮造営に奉仕したという。

ところで明治神宮の境内に、パワースポットがあるのをご存じだろうか。

それが「清正井《きよまさのいど》」だ。井戸というと、深い穴のなかに水があるというイメージを浮かべるが、この井戸は水が湧き出ているのだ。

清正というのは、豊臣秀吉の部将・加藤清正のことだ。朝鮮出兵での虎退治や熊本城の築城でも有名だろう。この井戸は清正が掘ったといわれるが、それが事実かどうかわからない。清正の息子・忠広《ただひろ》の下屋敷があったことから、そのようなイメージが出来上がったのだろう。忠広の時代に加藤家は取り潰しとなり、かわって譜代の井伊《いい》家の下屋敷になった。最近はパワースポット・ブームも廃れてしまっているが、少し前はこの清正井を携帯電話の待ち受け画面にすると、良いことがあるといわれ、多くの人々がパワーをもらいに集まった。

さて、いっぽうの外苑だが、その造営は物価高にくわえ、関東大震災などもあって、大正十三年にようやく完成したのだった。

ところで神宮外苑といえば、銀杏並木で有名だ。並木路は青山通り沿いから真っすぐに軟式野球場の噴水まで伸び、球場の先には聖徳《せいとく》記念絵画館がそびえ立つ。絵画館は、中央にドームを持つ花崗岩《かこうがん》で外装された白亜《はくあ》の殿堂で、そこへと続く銀杏並木の風景はまさに一幅の絵のようだ。

この並木路は、神宮外苑の完成に先だって造られた。銀杏の親木はなんと新宿御苑のもので、ここから採取したギンナンを代々木の宮内省南豊島御料地内で発芽させ、千六百本の苗木のうちから厳選して、ここに植樹したのだという。現在、外苑の銀杏は百四十六本、樹齢は百年を数え、最大樹高二十八メートルに及ぶ。

この街路は、折下吉延《おりしもよしのぶ》博士の計画によるもので、博士の工夫が隠されている。気づいた人は少ないだろうが、よく見ると、青山通りに近づくほど樹の背が高くなっているのだ。その差は最大七メートル。つまり、樹木を下り勾配《こうばい》に配置するという遠近法を用いて、路に奥行きと広がりを与え、見事な景観をつくりあげていたのだ。

明治天皇とその后妃（昭憲《しょうけん》皇太后）の遺徳を偲《しの》ぶためにつくられた神宮外苑であるが、それ以前は陸軍の青山練兵場であった。明治天皇は、しばしばここに臨御《りんぎょ》して観兵式をおこなっており、今でも外苑内には「観兵榎《えのき》」なる古樹が存在する。

天皇の観兵に際し、この榎の下に御席を設けたことから、その名がついたといわれる。明治天皇の大葬もこの青山練兵場で挙行されている。このように、天皇とは大変縁の深い場所だったため、内苑と離れたこの地に神宮外苑が造成されたのである。

聖徳記念絵画館には、明治大帝の生涯と業績を描いた八十点の絵画が展示されており、どの絵も当代一流の画家が描いたもので、迫力は十分である。

やがて神宮外苑には、神宮球場、テニスコート、プール、体育館、国立競技場、秩父宮ラグビー場と、次々にスポーツ施設が建設され、今日では庶民の娯楽・憩いの場になっている。特に昭和三十九年（一九六四）の東京オリンピックのメインスタジアムが、神宮外苑の国立競技場だったことは有名だろう。

ただ、そんな華やかなオリンピックがおこなわれるわずか二十年前の昭和十八年（一九四三）秋、外苑が十万を超える重々しい群衆で埋まった日があった。

太平洋戦争の悪化によって、大学生らの出陣学徒壮行会が開催されたのである。徴兵猶予《ゆうよ》を停止された学生が、中学生や女子学生に見送られて、この地から戦場へと旅立っていった。秋雨の中、壮行会は粛々とおこなわれた。しかし、若人の大半は、行ったきり二度と帰って来なかった。

「はっきり言うが俺は好きで死ぬんじゃない。何の心に残る所なく死ぬんじゃない。国の前途が心配でたまらない。いや、それよりも父上、母上、そして君たちの前途が心配だ。心配で心配でたまらない」（大塚晟夫　二十三歳〈一九四五

年四月二十一日、特攻死〉。岩波文庫『きけわだつみのこえ』より）
学生たちはそれぞれ、疑念や怒り、そして未練を抱いて死んでいったのである。

そういうことが二度と繰り返されないことを祈りたい。

二〇二〇年、東京で再びオリンピックがおこなわれる。それに向けて神宮外苑は大きな変貌を遂げるだろう。まず現在の国立競技場が取り壊され、新国立競技場が建設され、そのほかさまざまなスポーツ施設がつくられる予定になっている。

いまから神宮外苑でおこなわれる平和の祭典が楽しみだ。

コラム10 大岡越前の屋敷にあった豊川稲荷

江戸時代、大名や旗本が自分の屋敷地に有名な神仏を勧請して祀るのが流行した。安産で有名な東京の水天宮《すいてんぐう》は、もとは有馬忠頼《ありまただより》が国元の久留米《くるめ》から分霊《ぶんれい》したものである。また、虎ノ門金刀比羅宮《ことひらぐう》も、讃岐の金刀比羅宮を丸亀《まるがめ》藩主京極《きょうごく》氏が邸内に勧請したものだという。入谷《いりや》の太郎《たろう》稲荷も柳川《やながわ》藩主立《たち》花《ばな》左《さ》近将監《こんのしょうげん》が下屋敷に分霊したのがはじまりだ。

じつは大岡越前《おおおかえちぜん》こと、大岡忠相《ただすけ》も豊川《とよかわ》神を屋敷地に祀っていた。だが、明治時代になって、跡地に小学校が創立されるにおよび、青山通りの向かい側に遷された。それが、現在の豊川稲荷東京別院である。いわゆる豊川稲荷だ。

境内の本堂のすぐ左脇には、大岡越前御廟もある。境内には七福神をはじめ、身代わり地蔵、叶稲荷尊天《かのういなりそんてん》、霊狐《れいこ》塚などあちこちに小祠《しょうし》が安置されている。参拝客の多くは、油揚と紅白餅を盛りつけた小皿と酒を手に、それぞれが目的とする祠に詣でるようで、お供えセットが境内の売店で販売されている。

某テレビ局が近いせいか、豊川稲荷は芸能関係者の信仰も篤いといわれている。じっさい、豊川稲荷に並ぶ提灯《ちょうちん》や幟《のぼり》には、芸能人の名前も見受けられる。境内には、無数の狐像がある。躍動的な姿をしたものも多く、まるで生きているように思える。大都会の真ん中に、このような霊場があることがなんとも不思議な気がする。

第十五章

武田信玄が諏訪大社に残した意外なものとは何か

奇妙な神社と神話に彩られた諏訪氏

長野県にある諏訪《すわ》大社は、奇妙な神社である。

県の中央にある周囲十六キロの諏訪湖の南北に分かれて上社《かみしゃ》と下社《しもしゃ》が鎮座しているのだ。南にあるのが上社、そして北にあるのが下社だ。さらに上社は、前宮《まえみや》と本宮《ほんみや》に分かれている。隣接しているわけではない。その距離は一キロも離れている。同じく下社も春宮《はるみや》と秋宮《あきみや》に分かれ、やはり、両宮は一キロほどの距離がある。

つまり諏訪大社というのは、四つの宮で一社を構成しているわけだ。

おそらく、少なくとも上社と下社は当初、まったく別々の神を祀っていたと推定される。

現在、上社本宮の祭神はタケミナカタ、上社前宮はタケミナカタの妻であるヤサカトメを祀っている。下社のほうは、春宮も秋宮もタケミナカタ・ヤサカトメの両神を祭神とする。

◆ 諏訪大社地図

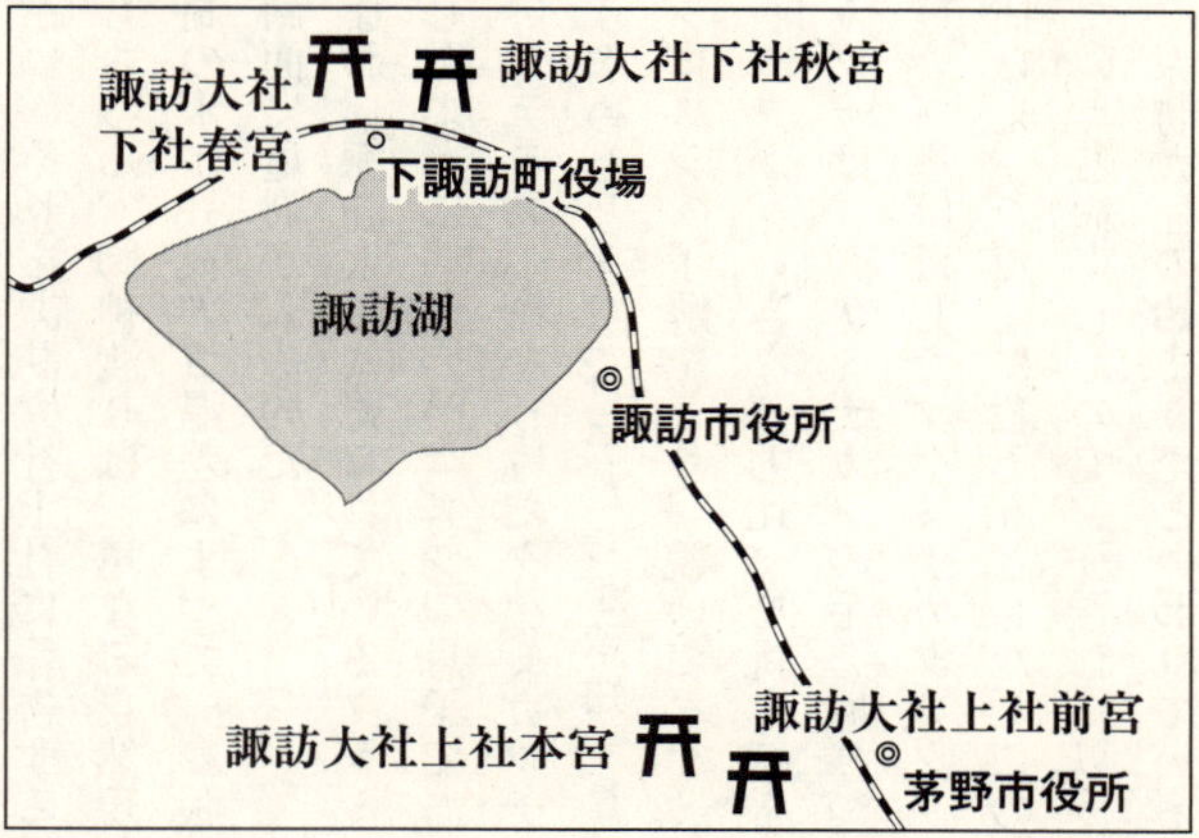

ただ、一般的には上社にタケミナカタが住み、下社にヤサカトメがいると考えられている。ときおり、真冬になるとタケミナカタがヤサカトメに会いに諏訪湖を渡っていく。このおり、氷結している湖が大きな音とともに割け、割れ目の氷がせり上がり、うねった一筋の道になる。これを御神《おみ》渡りと呼ぶ。

御神渡りがあると、諏訪大社上社の摂社である八剱《やつるぎ》神社の神官と氏子たちによって、御渡《みわたり》神事が執行される。神官が現地を訪れ、御神渡りの状況で今年の農作物の豊凶、天候の善し悪しなど、さまざまなことを占い、それを諏訪大社上社に報告する儀式である。

もちろん、御神渡りは、単なる自然現象に過ぎない。湖の氷が昼夜の気温差によって、膨張したり収縮したりすることで、氷結した湖面に亀裂が入るのだ。

なお、諏訪大社に祀られているタケミナカタは、すでに出雲大社の項目で説明したように、オオクニヌシの息子である。

アマテラスの命をうけたタケミカヅチが、オオクニヌシに国を譲ってくれるよう求めたとき、「息子たちが承知すれば譲ろう」と述べたので、その子・コトシロヌシの了解をとり、続いてタケミナカタのもとに出向いた。するとタケミナカタが、いきなり力比べを挑んできたのである。そこでこれに応じたタケミカヅチは、タケミナカタの手を握りつぶしたのだ。

驚いて逃げだしたタケミナカタをタケミカヅチは執拗《しつよう》に追いかけて諏訪の地で捕らえ、ただちに殺そうとした。このときタケミナカタは「もうどこにも逃げない」と約束したので、許されて以後は諏訪に鎮座することとなった。それが、諏訪大社の始まりだといわれている。

諏訪大社の象徴を大祝《おおほうり》と呼ぶ。上社でこの職を継いだのは神氏《じん》（のちの諏訪氏）と呼ぶ一族であった。下社の大祝は、金刺《かなざし》氏といった。

大祝は、現人神《あらひとがみ》（生き神）である。この者に神が宿るのだ。だから、この職に就くことを即位と呼んだ。大祝になるのは幼児や少年が一般的であり、神氏では惣領《そうりよう》家がこれを決定していた。

大祝になると、神話の影響なのか、諏訪郡から出ることは許されなかった。あえて出た者は、なぜか命を失うことになったという。

中世になると、神氏はいくつもの分流に分れ、ときには勢力争いのために殺し合うことさえあった。

また、神長官《じんちようかん》（諏訪神社上社の神官の一つ）守矢《もりや》家の力も大祝に匹敵するようになり、ときには大祝と対立することもあった。

なお、諏訪大社の神官たちは、諏訪郡の領主でもあり、武士としての性格を兼ね備えるようになった。源平の争乱、承久の乱などでは、いずれも源氏方（幕府方）に味方して参戦している。

元弘《げんこう》三年（一三三三）、新田義貞《にったよしさだ》の大軍が鎌倉に乱入してきたとき、幕府の最高実力者である得宗《とくそう》の北条高時《たかとき》は、菩提寺の東勝寺《とうしょうじ》に一族とともに籠もって自刃する。このおり、主君に無様な死に方をさせぬよう、神氏の末裔・諏訪宗経《むねつね》（直性《じきしょう》）はその面前で腹を切って見せたという。

また諏訪氏は、高時の遺児である時行《ときゆき》をかくまい、のちに時行を奉じて挙兵、一時は鎌倉を占領し、関東地方を席巻《せっけん》する勢いを見せた。

戦国時代の諏訪をめぐる争乱

上社大祝の諏訪氏は、戦国時代になると、大名に成り上がっていった。永《えい》正《しょう》十五年（一五一八）、諏訪頼満《よりみつ》は下社大祝の金刺昌春《まさはる》を攻めた。こらえ切れなくなった昌春は、一族を連れて隣国の甲斐へ逃れ、武田信虎《のぶとら》を頼ったのである。以後、金刺氏を臣下に組み込んだ信虎は、諏訪郡へ侵攻して諏訪氏と激しく争うようになった。

だが、天文《てんぶん》四年（一五三五）、長年争ってきた諏訪氏と武田氏は和議を結ぶ。さらに天文九年（一五四〇）には信虎の娘が当主の頼重《よりしげ》に嫁ぎ、両家の関係は深まった。

ところがその翌年、武田の重臣等に擁立《ようりつ》された信玄《しんげん》が、父の信虎を国外へ追放するクーデターを断行する。このとき信玄はまだ二十二歳であったが、翌天文十一年（一五四二）、にわかに諏訪へ侵攻したのである。

これより前、信玄は密かに高遠《たかとお》城主の高遠頼継《よりつぐ》を味方につけていた。高遠氏は南北朝時代に諏訪氏から分かれた一族で、惣領家の地位を狙っていたという。これに諏訪上社の禰宜《ねぎ》である矢島満清《やじまみつきよ》も加担し、信玄が諏訪郡へ攻め入ったとき、呼応して諏訪氏の本拠地を挟撃《きょうげき》したのである。

頼重は、まさか同盟を結んでいる信玄が攻め寄せてくるとは夢にも思わず、戦う態勢も整わぬまま、あっけなく敗北を喫し、降伏したのだった。

捕縛された頼重は甲斐に連行され、それからまもなく切腹させられた。まだ二十七歳だった。こうして諏訪氏の惣領家は、唐突に滅亡したのである。

諏訪郡は以後、東を信玄が、西を高遠頼継が分割統治することになったが、この線引きに納得のいかなかった頼継は、天文十一年九月、にわかに諏訪郡東部に侵攻して武田の兵を追い払ったのである。激怒した信玄はすぐに諏訪郡に出兵、宮川橋《みやがわばし》において頼継の軍勢を粉砕、諏訪郡全土を支配下においた。かくして武田領に組み込まれた諏訪大社だったが、信玄はこの神社を厚く崇敬するようになった。

諏訪大社は、あの征夷大将軍坂上《さかのうえの》田村麻呂《たむらまろ》が「諏訪大明神は東国一の軍神である」と述べたとされ、戦いの神として関東ではあがめられていた。もちろん、信玄が崇拝した理由はそれだけではない。武田氏と結びつきが強いのだ。甲斐源氏の祖・新羅《しんら》三郎《さぶろう》義光《よしみつ》、武田氏の祖・信義《のぶよし》らが諏訪大社の加護によって戦いに勝っているという事実があった。もともと甲斐国には、信玄の先祖によって勧請された諏訪社がいくつも存在していた。

このため信玄は、諏訪郡を手に入れると、諏訪大社に戦のたびに願文をささげ、軍旗にも「南無《なむ》諏方《すわ》南宮《なんぐう》法性《ほっしょう》上下大明神《かみしもだいみょうじん》」、「諏方南宮上下大明神」と大書されたものを使用するようになっていった。軍旗の文字は信玄自らが書き、それを諏訪大社で祈禱してもらい、合戦のさいは本陣に常に立てて戦ったという伝承もある。また、信玄は諏訪大社に保管されてきた諏訪法性兜をかぶって戦ったとも伝えられる。

このように諏訪大社を崇敬するようになった信玄は、戦国の争乱で衰退したり、消滅したりした諏訪大社の神事を調査し、可能なものについてはこれを復活させるよう指示した。

諏訪大社の神事といえば、やはり七年に一度おこなわれる大祭である御柱《おんばしら》祭《まつり》が有名だろう。

諏訪法性兜をかぶった武田信玄（『武田上杉川中嶋大合戦の図』、国立国会図書館所蔵）

二十キロも離れた山から巨大な樅《もみ》の木を切り出し、社殿の四隅に立てる祭だ。とくに社殿の左前に立てられる一ノ柱は高さ十六メートル、目通り三メートルの巨大さである。山上から巨木を下に落とす「木落とし」は大勢の男たちがしがみついたまま崖下に落ちていく。まさに驚きの光景である。ときには死者も出る。

そのほか、正月に蛙《かえる》を捕獲し、これを射殺して生け贄《にえ》としてささげる「蛙狩」、鹿の頭を神前に供える「御頭祭《おんとうさい》」、神を遷座させる「御舟祭《おふねまつり》」など、さまざまな行事がいまでも行われている。

こうした行事が多数残っているのは、意外にも武田信玄のお陰なのである。

第十六章

武田八幡宮に伝わる武田氏滅亡悲話とは

源氏に崇高され、源氏の氏神として

武田信玄が諏訪大社を深く信仰したことは前章で詳しく述べたが、それと並んで信玄があがめたのが、山梨県韮崎市《にらさきし》にある武田八幡宮《たけだはちまんぐう》である。

この神社は、武田氏の発祥の地にあり、武田の氏神でもあった。

もともと武田氏は、河内《かわち》源氏の源（新羅三郎）義光（頼義の三男）が甲斐源氏をおこしたことにはじまる。義光の子孫たちは甲斐国を中心に広がっていったが、その嫡流の曽孫にあたる信義という人物が武田氏初代だとされる。

第四章で述べたように、源氏は深く八幡神を崇敬しており、源氏一族は鶴岡八幡宮をはじめ、関東各地に八幡神を勧請していった。

甲斐源氏も同様に、甲斐国内各所に八幡社を創建した。そのため甲斐国内だけでも一二六の八幡社が存在するといわれる。

武田八幡もその一つであるが、武田氏の始祖信義が十三歳の保延《ほうえん》六年（一一四〇）、この武田八幡宮で元服し、武田太郎信義と名を改めたことから、以後、武田家の氏神として厚く尊崇されることになったのである。

武田信玄は、武田十九代目当主である。彼が父親の信虎を甲斐から追放して当主となった半年後、宗教政策として最初にやったのが、氏神である武田八幡宮本殿の造営事業であった。

氏神の鎮座する社を新たにすることにより、氏神や祖霊に自分が武田の当主であることを認めてもらうとともに、家臣や領民にもそれを認識させようとしたのかもしれない。

なお、この天文十年（一五四一）に再建された三間社《さんげんしゃ》流造《ながれづくり》檜皮葺《ひわだぶき》の本殿は現存しており、重要文化財に指定されている。

永禄十年（一五六七）に信玄は、家臣二百三十名に神々の名をもって忠誠を誓わせたが、その神々の筆頭に八幡神が記されている。また、軍旗として「八幡大菩薩」の旗も使用していたことがわかっている。このように信玄は、武田氏の発展に八幡神を巧みに利用したのである。

だが、脈々と続いてきた武田家は、次代の勝頼《かつより》のときに終わりを告げる。

信玄の死後、諏訪氏を母とする勝頼が武田家を継承し、父以上に領土を拡張していったが、長篠《ながしの》合戦で織田・徳川連合軍に大敗を喫してしまう。以後、急速に劣勢となり、天正《てんしょう》八年（一五八〇）あたりからは家臣団の離反も目立つようになる。

このため勝頼は、天正九年、本拠地を甲府の躑躅ヶ崎《つつじがさき》から、武田八幡宮にほど近い山上に遷す決意をする。ここに新府《しんぷ》城を築いて防御を固めようとしたのである。

だが、これが、武田氏滅亡の引き金を引いてしまう。新府城を築くさい重税を課せられた勝頼の重臣・木曽義昌《きそよしまさ》が、これを不満に思い、苗木久兵衛《なえぎきゅうべえ》（遠《とお》山友忠《やまともただ》）を通じて織田信忠《のぶただ》（信長の嫡男）に内通、天正十年二月、信忠に出兵を依願したのである。

喜んだ信忠は父・信長の許可を得て、森長可《もりながよし》と団平八《だんへいはち》を先鋒として木曽口から武田領へ侵攻させ、十二日には信忠自身も総大将として岐阜城を出、十六日に岩倉口《いわくら》から武田領へ入りこんだ。

すでに武田氏の将来に見切りをつけていた家臣たちは、ほとんどが戦わずして城を開いて降伏、あるいは城を捨てて逃げた。小笠原信嶺《おがさわらのぶみね》や穴山梅雪《あなやまばいせつ》といっ

武田八幡宮（写真提供：韮崎市）

た武田の重臣たちも次々と降ってしまった。三月二日、信忠率いる織田軍は勝頼の弟・仁科盛信《にしなもりのぶ》が籠もる高遠城を力攻めで陥落させると、翌三月三日、信玄が手厚く保護してきた諏訪大社に殺到した。

『信長公記』には「三月三日、中将信忠卿、上の諏訪表《おもて》に至つて、御馬を出だされ、所々御放火。抑《そもそも》、当社諏訪大明神は、日本無双の霊験《れいげん》殊《しゅ》勝《しょう》、七不思議、神秘の明神なり。神殿を初め奉り、諸伽藍《がらん》悉《ことごと》く一時の煙となされ、御威光、是非なき題目なり」と記されている。

なんともむごいことをするもの

だ。

続いて織田軍は高遠城を陥落させると、休むことなく進軍を続け、翌四日には諏訪に到り、各地に放火しつつ、勝頼の籠もる韮崎の新府城を目指した。七日には上諏訪から甲斐に入り、勝頼一族や重臣たちの屋敷を襲撃し、隠れ潜んでいる者をことごとく殺害していった。

ただ、すでに武田勝頼は、諏訪大社が灰燼《かいじん》に帰した三月三日、居城の新府城に火をかけていた。この城では織田の大軍を防ぎ切れないので、城を捨て一族・妻子を引き連れ、七百名の家来とともに郡内《ぐんない》の小山田信茂《おやまだのぶしげ》の拠《よ》る岩殿《いわどの》城へ退避することにしたのだ。

武田勝頼夫人の切々たる願文

不思議なことに、諏訪大社と異なり、新府城からほど近い場所にありながら、武田氏の氏神である武田八幡宮は、織田の兵によって焼かれることがなかった。小規模ゆえ、見逃されたのかもしれない。

じつは、織田軍が襲来する直前、この武田八幡宮に武田勝頼の妻が奉納した願文が現存している。

彼女は五年前に小田原北条氏から嫁いできた北条氏政《うじまさ》の妹であり、まだ十九歳だった。

願文は彼女が和紙一枚にびっしり二十六行（五七一文字）書きこんだものだ。

そこには、次のような文面が記されている。

「八幡神様は、氏神として先祖代々より武田氏を守り続けてくださいました。ところが、いま不慮の逆臣が現われ、士卒たちの心がばらばらになってしまいました。武田氏累代の重臣たちでさえ、この逆臣らに加担して国を転覆させようとしているのです。勝頼様にいったいどんな非があるのでしょうか。本当に悲しく、悔しいことでございます。もし神慮《しんりよ》天命が誠であるならば、どうか、八幡神の霊力によって勝頼様を守護し奉り、四方の大敵を退散させてやってくださいませ。もしこの願いがかなったのなら、武田八幡宮の社壇《しやだん》や御垣《みかき》、回廊をお建て直しいたします」

この願文については、偽書の可能性も指摘されているが、勝頼夫人の切々たる思いがよく伝わってくる。

だが、その願いは、八幡神には通じなかった。

勝頼が頼った重臣の小山田信茂が土壇場で翻意《ほんい》し、領地の郡内に勝頼一行が入ることを拒んだのだ。こうなっては仕方ない。勝頼は自刃を覚悟し、先祖の武田信満《のぶみつ》が討ち死にしたという天目山《てんもくざん》を目指すことにした。従う者たちはたった数十名に減ってしまっていた。しかし、武田八幡宮に願文を捧げた夫人の姿もそこにあった。

勝頼はまだ若い彼女に対して、実家の北条家へ戻るよう強く説得した。

しかし彼女は、それを断固拒絶したのである。

勝頼一行は田野《たの》という場所で、織田方の滝川一益《たきがわかずます》らにはばまれてしまう。もはや万事休すである。

ここにおいて勝頼夫人は、
黒髪の　乱れたる世ぞ　果てしなき　思いに消える　露《つゆ》の玉の緒《お》

という辞世の句を詠み、側近の四名に向かって、

「私は北条早雲《そううん》以来の弓矢に家柄に生まれた女、見事な最期を遂げてみせましょう。どうぞ、最後の模様を実家に伝えてください」

そう言うと、いきなり口に短剣をくわえ、両手でそれを奥へ押し込んで自害したという。

天目山で最期を迎える武田勝頼
(『撰雪六六談　天目山　武田勝頼』、国立国会図書館所蔵)

いっぽう、妻の最期を見届けた勝頼は、渾身《こんしん》の力をふりしぼって敵と渡り合った。だが、疲れ果てて具足櫃に腰掛けていたところを、群がりくる敵に一瞬にして討ち取られて

しまったと伝えられる。こうして天正十年（一五八二）三月十一日、二十代続いた名門武田氏は、滅亡したのである。

なお、山梨県内の奏楽グループが、毎年、勝頼夫人の願文に曲をつけ、彼女が願文を書いた二月十九日に武田八幡宮に歌を奉納しているそうだ。

コラム11 水稲荷神社と高田馬場の決闘の真相

早稲田大学の早稲田キャンパスの近くに水稲荷《みずいなり》神社がある。この神社はかつて、いまの早稲田キャンパス内にあったが、昭和三十八年（一九六三）にこの地に遷座した。境内には、明治四十三年（一九一〇）に建立された堀部《ほりべ》安兵衛《やすべえ》の顕彰碑が立つ。このあたりが、高田馬場《たかたのばば》の決闘がおこなわれた場所だからである。だが、この事件は、講談によって大きく史実がねじ曲げられているのだ。

安兵衛は、菅野六郎左衛門《すがのろくろうざえもん》と義理の叔父・甥の契《ちぎ》りを結んでいたが、その菅野が村上庄左衛門《むらかみしようざえもん》から果たし状を叩きつけられ、高田馬場で決闘することになった。講談では、菅野は安兵衛の留守宅に後事を託す書簡を残して現場に向かい、手紙で事態を知った安兵衛が現場に急行する設定になっている。だが、本当ははじめから助太刀として、安兵衛は菅野とともに高田馬場へ赴いているのだ。

また、喉《のど》の渇きをおぼえた安兵衛が酒屋で桝酒《ますざけ》を一気に飲み干したという逸話も嘘で、史実の安兵衛は下戸《げこ》だったといわれる。さらに、菅野を寄ってたかってなぶり殺しにした十八人を、安兵衛がことごとく切り捨てたというのも、めちゃくちゃな誇張で、実際に倒したのは三名に過ぎないことが判明している。

話を面白くするため、いかに講談が史実を面白く歪曲《わいきょく》しているかがわかるだろう。

第十七章

豊臣秀吉はなぜ北野天満宮で大茶会を開いたのか

強力な怨霊から学問の神様へ

受験生が最後に頼りどころにするもの、それは学校や予備校の先生ではなく、神様だろう。

そんなことから、学問の神が祀られている北野天満宮《きたのてんまんぐう》（京都府）、太宰府天満宮（福岡県）、湯島《ゆしま》天神（東京都）などは、冬になるとまさに大繁盛である。祭神は菅原道真《すがわらのみちざね》。もともとは人間であった。しかし現在は天神《てんじん》として各地に祀られている。道真を祭神とする社は、全国に約一万二千も存在するそうだ。天神信仰の裾野の広さを知ることができる。

しかしなぜ菅原道真は、学問の神として日本人から崇拝されるようになったのだろう。

その謎を解き明かしながら、さらに戦国時代に豊臣秀吉が北野天満宮で挙行した一大イベント・北野大茶湯《おおちゃのゆ》の真相についても掘り下げてみたい。

平安時代になると、恨《うら》みを残して死んだ人間が怨霊と化して悪さをすると考えられるようになり、怨霊を鎮めるイベントを開いたり、神として崇《あが》め神社に祀るようになった。こうした思想を御霊《ごりょう》信仰と呼ぶ。

菅原道真も強力な怨霊として恐れられた一人だった。

よく知られているように、中級貴族の学者の家に生まれた菅原道真は、宇多天皇に寵愛され、醍醐《だいご》天皇（宇多の子）のもとで右大臣という異例の出世をとげた。

しかし、ライバルの藤原時平《ときひら》の「道真があなたを退け、娘婿の斉世《ときよ》親王（醍醐の弟）を即位させようと企《たくら》んでいる」という讒言《ざんげん》を信じた醍醐天皇が、道真を九州の大宰府へ左遷してしまったのだ。昌泰《しょうたい》四年（九〇一）のことである。

北野天満宮に所蔵されている国宝の『北野天神縁起絵巻』によれば、左遷された道真は、大宰府にある天拝山《てんぱいざん》にのぼって、自分が無罪であることを七日七夜、天へ訴えたところ、その訴えは梵天宮《ぼんてんぐう》にいたり、道真は生きたまま天満大《てんまんだい》自在天神《じざいてんじん》という恐ろしき神となったと伝えられる。

道真は、左遷から二年後にかの地で死去した。

それから五年後の延喜八年（九〇八）、道真の弟子でありながらその失脚に加担した藤原菅根《すがね》が、雷に打たれて亡くなった。さらに翌年、道真を陥れたライバル・時平も三十九歳の若さで急死したのである。

この頃から、疫病、洪水、長雨、干ばつなど天変地異が毎年のように続くようになり、「これは怨霊と化した道真の仕業にちがいない」と噂されるようになった。

だが、道真の怒りは、時平の死で癒《い》やされることはなかった。

延長《えんちょう》元年（九二三）、時平の妹・穏子《おんし》が産んだ皇太子の保明《やすあきら》親王が二十一歳の若さで亡くなってしまったのだ。これで怨霊の存在を確信した醍醐天皇は、道真を左遷したさいの勅書を破棄し、道真の地位を右大臣に戻し、正二位を贈ったのである。

だが、新たに皇太子となった保明の子・慶頼《よしより》王も、それから二年後、わずか五歳で夭折《ようせつ》してしまった。慶頼王の母・仁善子《にぜこ》は、時平の娘だった。

さらに祟りは続く。

延長八年（九三〇）、宮中の清涼殿《せいりょうでん》で大納言の藤原清貫《きよつら》と右中弁《うちゅうべん》の平希世《まれよ》がにわかに雷に打たれて亡くなったのである。さらに紫宸殿《ししんでん》にも雷が入り込み、二人の貴族が犠牲となった。これに衝撃を受けたのか、醍醐天皇は体調を崩したのを機に退位してしまい、その年のうちに崩御した。

「道真が雷神となって人々を殺したのだ」と信じた貴族たちは、おそれおののいた。

天慶《てんぎょう》五年（九四二）、多治比文子《たじひのあやこ》という平安京の右京七条二坊十三町に住む庶民の女性に、道真の霊が乗り移り、ある意志を告げたと『北野縁起』などに記されている。これにしたがい、朝廷は平安京内の右近馬《うこんのば》場《ば》の地に北野天満宮の創建を認めた

菅原道真
（『皇国二十四功　贈正一位菅原道真公』、国立国会図書館所蔵）

のである。

ちょうどこの時期、平将門《まさかど》の乱や藤原純友《すみとも》の乱などが続発しており、京都の人々は不安のただ中にあった。そうした社会状況も、道真の霊を鎮めるための社《やしろ》を認めたことと関係していよう。

以後、学問の家柄である菅原一族が北野天満宮を管理維持し、朝廷も同社を勅祭の社にするなど保護したことから、天神道真は怨霊から詩文の神と意識されるようになり、鎌倉時代、さらに室町時代になると、北野天満宮で盛んに歌合わせや連歌の会などがおこなわれるようになった。

歴代の室町幕府の将軍たちも北野天満宮には保護をくわえた。とくに将軍義満などは、諸役を免除している。

大イベントだった茶会

いずれにしても、このように人々が集まる文化的会合を催す場所であったことから、豊臣秀吉が京都で大茶会を開こうと思いついたとき、この北野天満宮を選んだのだろう。

この茶会は「北野大茶湯」と呼ばれ、天正十五年（一五八七）十月一日、秀吉の主催によって京都の北野天満宮において催された。大イベントであり、地位も身分も関係なく参加することが許され、当日は全国から千人近くが参加したといわれる。それにしても、なぜこのような行事をやろうとしたのか。どうして歌会や連歌会ではなく、茶会なのか。そのあたりについて、探っていこう。

そもそもこの時期、茶の湯（侘茶《わび》）は爆発的な流行期を迎えていた。

現在の茶の湯（茶道）の原型は、室町時代に村田珠光《むらたじゅこう》という人物が編み出した。

四十歳前後に珠光は能阿弥《のうあみ》という人物から茶を学び、さらに大徳寺《だいとくじ》の高僧・一休宗純《いっきゅうそうじゅん》に禅を学んだ。そこで珠光は、禅の精神を茶の世界に導入し、侘茶という形式をつくりあげたのだ。

珠光は、大勢での茶寄合《ちゃよりあい》をやめ、四畳半の茶室を開発し、主人（亭主）が少数の客を迎え、心静かに茶を味わうようにした。茶室へは「にじり口」からかがんで入るので、貴人も、茶室の主人に頭を下げて入ってくる。珠光は「身分の高い者を粗末に扱い、身分の低い人に律儀に応対しなさい」と述べており、侘茶には人間平等の思想が見て取れる。

また、茶会では「これが一生に一度であるつもりで、会を主催した亭主を敬いなさい」と述べている。いわゆる一期一会《いちごいちえ》の思想だ。一方、亭主には「できるだけ客を敬い、相手を茶の名人だと考えよ」と記している。

この侘茶は、豪商や戦国大名の間で流行していったが、とくに執心《しゅうしん》したのが織田信長だ。信長は各地から名茶器を集めた。信長から名茶器をもらったり、茶会を主催できる権利を与えられるのは、家臣にとって大変名誉なことになっていった。

信長の家臣であった秀吉も茶会を許され、信長の死後、主君以上に茶に熱中するようになる。そんな秀吉に茶を指導したのが、千利休《せんのりきゅう》だった。

利休は堺《さかい》（大阪府堺市）の納屋衆《なや》（豪商）だが、十九歳のときから村田珠光の後継者・武野紹鷗《たけのじょうおう》について侘茶を学びはじめた。やがて茶人として名をなし、信長に茶頭《さどう》として仕え、さらに秀吉に重用されたのだ。

北野大茶湯をプロデュースしたのは、この六十六歳の利休だった。これによって茶道界における利休の名声は不動のものとなったといわれる。

秀吉は高札をもって「北野天満宮の周囲に広がる松原《まつばら》において、大茶湯をおこなう。あり合わせの茶道具をもって誰でも自由に参加せよ。私が自らお茶をご馳走し、所有する有名な茶道具を見せてあげよう」と京都や奈良、堺の町人や農民たちに呼びかけた。『北野大茶湯之記』によれば、さらにこのイベントは全国にも通達され、外国人にも参会を呼びかけたとされる。

茶会のため二畳敷の茶室が多数つくられることになった。その数は八百から一千六百まで、資料によって一定しないが、とにかく境内の松原は趣向を凝らした茶室で壮観だったはず。

当日秀吉は、北野天満宮の拝殿に自慢の黄金の茶室を組み立て、秘蔵の茶道具を飾りたてたとされる。

また、経堂では自ら茶席を設けて客に茶を点《た》てたのである。もちろん、誰もが天下人たる秀吉に茶を点ててもらえるわけではなかった。経堂には、秀吉のほか、千利休、津田宗及《つだそうぎゅう》、今井宗久《いまいそうきゅう》の三名も茶室をかまえ、四人のうち誰に馳《ち》走《そう》してもらうかは、クジによって決定された。茶会は八人一組となり、およそ八百人を正午まで接待した。

その後、秀吉は天満宮の境内の松原に設置された多くの茶室を見て回った。このうち秀吉は、旧知の美濃《みの》国の茶人・一化《いっか》の囲い茶室に立ち寄り、彼が点じた「こがし」を飲み、今日一番の冥加《みょうが》であると喜び、手に持っていた白い扇子《せんす》を与えている。

さらに、経堂の東に京都の人々が茶室を構えていたが、そのなかの「丿貫《へちかん》」という人物が、一間半の朱塗りの大傘を立て、周りを葦垣《あしがき》で囲った茶室をつくっており、陽光に照らされて傘が鮮やかな光を放っていたのに感激し、彼の諸役を免除したのである。

ちなみに、秀吉がこうした大規模な茶会を京都で開催したのは、九州平定と聚楽第《じゅらくてい》（秀吉の京都の邸宅）の落成を祝したからだといわれている。

だが、当初は十日間を予定していたこのイベントは、一日で終わってしまった。

いったいなぜか。

秀吉の気まぐれだとか、初日にあまり多くの人々に茶の接待をし続けて嫌になったとか、さまざまな説がある。

しかし、入念に準備してきたものを、あっさりと中断した理由としては弱すぎる。そんな中で、中村修也氏が次のような説をとなえている。

秀吉は、天正十三年に禁中茶会、天正十五年正月に大坂城茶会を開いており、前者は天皇家や公家衆に対する自己権力の誇示、後者は武家家臣団に対する統率の意味があったとし、続く北野大茶湯は「公家・武家・町民・農民の身分を越えて、誰もが平等に茶の湯に親しめ、それが秀吉のおかげであるということを示そうと目論んだ」ものであり、「京都の人々が自分を受け入れるかどうかの試金石でもあった」（中村修也著「北野大茶湯の謎」『秀吉の智略「北野大茶湯」大検証』淡交社　所収）と述べる。

すなわち中村氏は、秀吉はこのとき拠点を大坂に置くか、京都に置くかで迷っており、この茶会が受け入れられれば、京都を拠点としたいと考えていたと推測する。ところが、集まってきたのは千人程度、常に数万の軍勢を指揮している秀吉にとって、これは失敗であり、二日目以降、さらに人数が減ってしまう可能性が高い。だからあえて一日でやめることで、イベントの失敗を回避しようとしたのだと推論している。

さらに中村氏は、この北野大茶湯の結果、「秀吉による京都改造が始まる」と主張する。寺院や町の移転をおこない、その総仕上げとして御土居《おどい》と呼ばれる土塁で平安京の中心部南北約八・五キロ、東西約三・五キロを囲ってしまい、洛中《らくちゅう》と洛外《らくがい》に分断したのである。洛中から洛外へ出にくくなったことで、京都の人々にとっては非常に不満の大きい政策だった。

いずれにしても、北野大茶湯で京都の人々を信用できないと判断した秀吉が京都改造計画を断行したというのは興味深い説である。

千利休が菅原道真を狂歌にうたった真意

いっぽう、大茶湯をプロデュースした千利休は、秀吉にますます信頼されるとともに、側近として活躍するようになる。天正十八年（一五九〇）の小田原平定のときも現地へ赴き、茶会を開いている。しかし、そんな利休も天正十九年二月、秀吉から切腹を命じられてしまう。

二月十三日、秀吉は利休に「堺へ戻って謹慎《きんしん》せよ」と命じ、続いて彼を京都に連行し、二十八日に切腹させたのである。

利休の首は、一条戻り橋《いちじょうもどりばし》のたもとで獄門となるが、その傍《かたわ》らに罪状が記された。それによれば「茶器の売買で暴利をむさぼった。大徳寺山門の楼閣《ろうかく》に自分の木像を安置した」とある。利休は天正十七年、大徳寺に壮麗な山門を寄付した。これに感謝した寺側が利休の木像をつくり、山門の楼上に安置したのだ。秀吉はこれを知り、「私や朝廷の勅使が門を通過するとき、利休に踏みつけられる」と不機嫌になったという。

ただ、失脚の原因は後援者の豊臣秀長《ひでなが》（秀吉の弟）が没し、石田三成《いしだみつなり》との勢力争いに敗れたことや、娘を側室にしたいという秀吉の申し出を断ったことにあるのではないかといわれている。

利休は茶室において自ら命を絶つが、検死が訪れたとき、平静のごとく茶を点じて迎え、死の直前、

利休めはとかく果報《かほう》乃《の》ものそかし　菅丞相《かんじょうしょう》になるとおもへハ

という狂歌をうたったといわれる。

「私はとにかく幸せ者だ。北野天満宮に祀られている菅丞相（菅原道真）のようになるのだから」という意味だ。

無罪の罪で失脚させられた道真と自分を重ねている。また歌には、道真のごとく怨霊となって、秀吉をはじめ自分を死に追いやった者たちに祟ってやるという意味合いも含まれていよう。さらに、死んだのち、自分は道真公のように人々からあがめられる存在になるのだという天下一の茶の宗匠《そうしょう》としての確信もあったろう。くわえて、四年前に自分がプロデュースした華やかな北野天満宮での北野大茶湯を懐かしむ気持ちがあったのかもしれない。

かくして利休は、茶室の柱にもたれ、腹を十文字に切り裂き、己の腸を取り出して蛭鉤《ひるかぎ》に掛け、息絶えたと伝えられる。

コラム12 山王社(日枝神社)での大岡越前の苦労

東京の日枝《ひえ》神社（山王社《さんのう》）は、文明《ぶんめい》十年（一四七八）、太田道灌《おおたどうかん》が江戸城を築城するさい、鎮護の神として川越山王社を勧請したのがはじまりだとされている。

神社は当初、江戸城内（紅葉山《もみじやま》）に置かれ、徳川家康も城内鎮守の社として崇敬していた。だが、次代秀忠のとき、江戸城の大改修にともなって城外へ移され、さらに明暦三年（一六五七）の大火で社殿が焼失すると、四代将軍家綱が新たに現在の場所に権現造《ごんげんづくり》の社殿を造営したのである。

山王社の祭礼のおり、三代将軍家光は神輿を江戸城内に入れることを許し、これを拝観した。以後、山王祭は神田明神の神田祭とともに、歴代の将軍が上覧する「天下祭《てんかまつり》」と呼ばれるようになった。

ちなみに江戸町奉行だった大岡忠相は、晩年、寺社奉行を拝命するが、将軍の寺社参詣の下見役もその職務の一つだった。

じっさい忠相は、八代吉宗や九代家重《いえしげ》のために日枝神社の下見をおこなっており、とくにトイレが近い家重のため、これをどうするかで頭を悩ませたと伝えられる。名奉行と山王社の意外な関係である。

第十八章

伏見稲荷大社の朱鳥居はいかに生み出されたか

外国人観光客から一番人気となった理由

トリップアドバイザー（旅行やホテルに関する口コミや価格比較などのウェブサイトを運営する会社）が外国人観光客に調査した人気の日本の観光地、はえある第一位（二〇一四年）はなんと、伏見稲荷大社《ふしみいなり》だった。

神社仏閣なら京都の金閣寺《きんかくじ》や清水寺《きよみずでら》、奈良の大仏などのほうが人気が高いと思うのだが、何とも意外な結果である。ただ、彼らが伏見稲荷大社を好む理由は、何となくわかる気もする。境内の稲荷山には千本鳥居をはじめとする朱塗《しゅぬ》りの鳥居が大小無数に立ち並び、稲荷神の使いといわれる怪しげな狐像があちこちに置かれ、多数の石塚がたたずんでいる。まさに日本的な異空間を体感できるからこそ、外国人は喜んで訪れたがるのだろう。

だが、じつは朱色の鳥居とお塚と呼ばれる石塚（稲荷神に別名をつけ信仰する人々が、石にそのお名前を刻んで稲荷山に奉納した石）は、ほとんど江戸時代には存在しなかったのである。

伏見稲荷大社の千本鳥居

もともと庶民の崇敬を集めていた稲荷大社だが、勝手に人々が境内の稲荷山に入り込むようになったのは明治時代になってからだった。

いったいなぜ、近代に入ってあの独特な景観が誕生したのだろうか。

理由は、それほど複雑なことではない。

江戸時代まで稲荷山は幕府の直轄地であり、松茸が多くとれたことから、幕府は原則禁足地（人の立ち入りが許されない場所）として入山を厳しく制限してきたのだ。

しかし幕府が倒れて新政府が政権を握ると、新政府は神道を国教化する方針を立てた。このため伏見稲荷はますます庶民の信仰を集めるようになり、勝手に稲荷山に入ってきては、持ち込んだ石でお塚をつくったり、願いが叶った感謝のしるしとして鳥居を立てるなどして、私的な拝所をつくる輩《やから》が激増したのである。

とくに明治四年（一八七一）に新政府が神社はすべて国家のものだとして、社地を公収して官有地にしてしまったことが、この現象にさらなる拍車をかけた。

明治三十五年（一九〇二）の調査では、お塚の総計は六百三十二基に及んだ。仕方なく神社はこれを容認して管理する一方、以後の塚の新設を禁止した。ところが、おさまる気配はまったくなく、大戦景気の大正時代には爆発的に塚が増えたので、再度、大正十三年（一九二四）に新設を厳禁したのだった。だが、昭和七年（一九三二）の調査では、境内地におけるお塚の総数は、なんと、二千二百五十四基にも増えている。さらに戦後の昭和四十年代の調査では、境内地が拡大されたこともあるが、三千三百二十二基に増加し、周辺の境外にも四千四百四十基のお塚が存在した（『伏見稲荷大社御鎮座一千三百年

錦絵に描かれた伏見稲荷大社
（『都名所之内　伏見稲荷社』、国立国会図書館所蔵）

史』より）。まさにとどまるところを知らない増殖ぶりで、江戸時代と伏見神社の景観はすっかり変わってしまったといわれる。

ちなみに、伏見稲荷大社の境内には、約一万ほどの朱色の鳥居が立ち並んでいるが、これについては今なお増え続けている。というのは、神社側が鳥居の奉納を受け付けているからだ。一番小さい五号の鳥居で十七万五千円。最大の十号だと百三十万二千円だそうだ。

こうして伏見稲荷大社は、外国人ごのみの不思議な空間に変貌したのである。

渡来人の末裔から始まった歩み

さて、順序が逆になってしまったが、そもそも稲荷とはどのような神様なのだろうか。

今でも稲荷社は日本各地に散在するが、じつはこの伏見稲荷大社が本家本元、稲荷信仰発祥の神社。すなわち全国に三万あるといわれる稲荷神の総本社なのだ。

伏見稲荷大社の由来だが、同社のホームページによれば、渡来人を先祖とする秦伊呂巨《はたのいろこ》（具《ぐ》）は、稲が積み上がるほど家が富み栄えていたこともあり、餅を弓の的にしようとしたところ、的が白鳥となって飛び去り、山の峰におりてそこに稲が生じた。このため、この山に祠《ほこら》をつくり、「伊奈利《いなり》」と名付けたのだった。「いなり」というのは、「稲が生った」というのが語源なのである。

「いなり」を稲荷と記すようになるのは、さらに後のことである。

なお、秦伊呂巨（具）の子孫は、先祖が餅を的にしようとした行為を悔い、社の木を抜いて屋敷に植え、これをあがめたてまつるようになったといわれる。

神社の創建は、和銅《わどう》四年（七一一）のこととされるが、記録として社殿が確認できるのは平安時代中期（九世紀末）に編纂された『類聚国史《るいじゅうこくし》』の天長《てんちょう》四年（八二七）の記事で、「淳仁天皇が病になったのは東寺の塔を建てるため、稲荷大社の樹木を伐採させたからだ」というものである。

同年、朝廷は伏見稲荷大社の祭神（稲荷神）に従五位下を与えた。その後、順調に位階は上がり続け、天慶五年（九四二）、ついに正一位を獲得する。ちょうど平将門の反乱が鎮圧されたときであり、おそらく、その功績が評価されたためだと思われる。

以後、伏見稲荷大社は「正一位稲荷大明神」として人々に崇められ、その知名度は急速に増していった。

延久《えんきゅう》四年（一〇七二）には、後三条《ごさんじょう》天皇が行幸した。伏見稲荷が天皇を迎えるのは、じつはこれが初めてのことであった。以後、白河上皇、堀河天皇、鳥羽上皇、崇徳上皇、近衛《このえ》天皇、後白河上皇、高倉天皇、後鳥羽上皇、順徳《じゅんとく》天皇、後嵯峨《ごさが》上皇と、平安末期から鎌倉時代にかけて、多くの天皇や上皇が熊野詣の帰途、旅の無事を感謝して伏見稲荷大社に行幸するようになった。

室町幕府を創建した足利尊氏《たかうじ》もこの神社を厚く崇拝し、所領を安堵《あんど》するとともに、和歌を奉納したり、凶徒《きょうと》退治を祈念するなどしている。

だが、応仁の乱のとき、伏見稲荷大社は、社殿の多くを焼失してしまう。東軍の武将・骨皮道賢《ほねかわどうけん》が稲荷山を陣地としたからだ。伏見稲荷大社の神官・荷田《かだの》延幹が東軍についたためであった。

じつは神社内では、新興の神官である荷田氏と秦《はた》氏が勢力争いをしており、荷田氏は骨皮道賢の力を借りて秦氏を攻めたりしていることから、伏見稲荷大社を陣所にするのを骨皮に認めたのだろう。骨皮はここを拠点に都でゲリラ活動を展開して西軍を悩ませたため、西軍は稲荷山への総攻撃を決め、応仁二年（一四六八）に畠山義就《はたけやまよしなり》、大内政弘《おおうちまさひろ》、朝倉孝景《あさくらたかかげ》などが大挙して攻め込んできた。

『碧山日録《へきざんにちろく》』によれば、この直前、大きな傘のような形をした物体が月光のごとき淡い光を放ちながら、南から北へと飛び去ったという。これを見た人々は、稲荷神が戦災を予期して難を避けたのだろうと噂しあったそうだ。なんとも不可思議な現象であるが、この戦いによって伏見稲荷大社の建物の多くが焼失してしまったのである。骨皮は女装して逃げようとしたが、途中で捕まって殺害されて終わった。

伏見稲荷大社は明応《めいおう》八年（一四九九）にようやく再建され、遷宮《せんぐう》（ご神体を社殿に戻すこと）が挙行された。

「即時破壊する」という秀吉からの脅し

ところで、豊臣秀吉とこの伏見稲荷大社は、深い関係がある。

秀吉は親族が病気になると、神社仏閣に平癒《へいゆ》の祈願をさせているが、同社にもたびたび祈願をさせている。天正十六年（一五八八）には、秀吉の実母・大《おお》政所《まんどころ》が危篤に陥った。このとき秀吉は右大臣の菊亭晴季を派遣して、「母の命を三年のばしてほしい。それが難しいのなら二年。それが無理ならせめて三十日だけ延命させてほしい」という願文を奉納させている。そしてもしそれがかなったら、米一万石を奉納すると誓ったのである。

病は奇跡的に回復し、秀吉は約束どおり一万石を寄進して社殿の修復や修造にあてるよう指示した。けれども、その後、「修造には一万石も必要なかろう。五千石を大坂の四天王寺《してんのうじ》へ渡すように」と半額を削られてしまったのである。

なお、秀吉は文禄《ぶんろく》四年（一五九五）、五奉行の石田三成と増田長盛《ましたながもり》の名をもって、伏見稲荷大社の稲荷大明神宛に次のような朱印状を差し出している。

「宇喜多秀家《うきたひでいえ》の妻・豪姫《ごう》が産後に病にかかり、物《もの》の怪《け》が憑《つ》いたようだ。どうも野狐の行動だと思われるので、この朱印状を差し出すことにした。この日本においで誰が公儀である私のことを軽んじることができようか。誰が私の意志を重んじないことができようか。いわんや畜類においては、なおさらだ。私の威光におそれおののき、速やかに彼女の身体の中から退去せよ。このような朱印状を発したにもかかわらず、まだ付きまとい、彼女に何か不慮のことが起こったら、伏見稲荷大社を即時に破壊し、さらに狐狩りを毎年おこなわせ、日本国中の狐をことごとく殺し尽くし、その種を絶つつもりである。このことをよくよく承知し、神官たちは祈禱に励むように」

豪姫は前田利家《まえだとしいえ》の四女で、秀吉が養女にして殊《こと》のほか可愛がった女性である。それにしても、神に向かって脅しをかけるとは、おどろくべき傲慢さであろう。

わずか八年で天下を平定した後の秀吉は、慢心して誇大妄想になったようだ。

ただ、伏見稲荷大社は破壊されることがなかったから、どうやら豪姫の病は癒えたようだ。

第十九章

徳川家康は平将門を祀る神田明神を
なぜ江戸総鎮守としたか

平将門の挙兵と神田明神の創建

神田明神《かんだみようじん》は、江戸幕府から「江戸総鎮守《そうちんじゆ》」として厚く崇敬された神社である。しかし、その祭神は平将門だ。朝廷に反乱をおこし、自らを新皇《しんのう》と称して独立しようとした謀叛人だ。しかも、将門は源氏の徳川氏と敵対する平氏一族である。なにゆえ江戸幕府は、そんな大罪人を祀る社に総鎮守の地位を与えたのか。また、そもそもどうして将門が神として崇められるようになったのか、そのあたりについて紹介していこう。

将門の先祖は、国司として上総《かずさ》国に赴任した桓武天皇の孫・高望王《たかもち》である。高望王は多くの男子をもうけ、その子たちが関東の北部にそれぞれ土着して一大勢力をつくりあげたのだ。

将門の父良持《よしもち》（良将《よしまさ》とも）も下総《しもうさ》国佐倉《さくら》を拠点としていたが、急死してしまう。このとき将門は貴族に仕えて京都にいたが、故郷に戻ってみると、伯叔父たちによって土地が横領されていた。そのうえ、将門が恋した常陸の前国司源護《まもる》の娘も、伯父の良兼《よしかね》に横取りされてしまう。

このため将門は伯叔父たちと対立することになり、承平《じょうへい》五年（九三五）二月、源護と平国香《くにか》（将門の伯父）連合軍と戦い、護の子三人と伯父の国香を倒したのである。

その後も一族との争いが続くが、やがて彼らを駆逐した将門は、北関東で大きな力を持つようになった。そんな天慶《てんぎょう》二年（九三九）二月、常陸《ひたち》の豪族藤原玄明《はるあき》が、常陸国司に追われて将門のもとに助けをもとめてきた。

そこで将門は、玄明が元の場所で生活できるよう常陸国府へ嘆願《たんがん》に向かった。ところが、急に国府軍が将門に攻めかかってきたのだ。同軍の中に宿敵の平貞盛《さだもり》（国香の子）がいたためだった。将門は国府軍を蹴散らすと、勢い余って国府へ乱入し、国司を捕らえて国印を奪ってしまった。

これは、反乱と見なされても仕方のない行為だった。そこで意を決した将門は、下野《しもつけ》国、上野《こうずけ》国と立て続けに国府を落とし、新皇と称して朝廷からの独立をはかったのである。

このため朝廷は、関東の武士たちに将門の討伐を命じた。これに応じた藤原秀郷《ひでさと》は、平貞盛と組んで四千の大軍で将門の本拠地へ攻め入った。

将門は敗れていったん退いたが、強風が吹き出すとたった四百の兵で勝負を挑んだ。そして暴風をうまく利用して敵を圧倒し、まさに勝利は目の前かと思われた。

ところが、にわかに風向きが変わり、流れ矢が将門の額《ひたい》（こめかみ説あり）に突き立ち、将門は戦死してしまったのである。

それから以後のことは、『前太平記《ぜんたいへいき》』や『将門純友東西軍記《まさかどすみともとうざいぐんき》』などに載る。到底史実と思えない話だが、神田明神の創建と深いつながりがあるので、詳しく語ろう。

戦死した将門は首を切られたが、なんと、首だけになっても将門は死ななかったという。それどころか、「俺の身体を返せ。頭をつなげて今一度戦ってやる！」と敵を罵《のの》り続けたという。首は京都に晒《さら》されたが、その後も罵倒《ばとう》しつづけ、やがて東へ飛び去ったという。途中、首は何度か落下したとされ、そこはいずれも神社となっている。最後に落ちたのが、東京都千代田区大手町にある現在の将門塚あたりだとされる。人々は将門の首を丁寧に葬り塚をつくったが、かつてはここは武蔵国豊島《としま》郡江戸芝崎《しばざき》と呼ばれた漁村だった。

鎌倉時代、芝崎を時宗《じしゅう》二代目の真教《しんきょう》が念仏集団を引き連れ通過しようとしたところ、村人の多くが崩れかけた将門塚の祟りで苦しんでいることを知った。

平将門（『芳年武者无類　相模次郎平将門』、国立国会図書館所蔵）

そこで真教は従ってきた信者たちに塚を修復させ、将門に「蓮阿弥陀仏《れんあみだぶつ》」という諡《おくりな》を与え、その名を石版に刻んで塚の前に立てて供養し、すぐ側にあった神社の祠を修造して将門の霊を祀った。

この祠が神田明神の原型である。

家康は将門を守り神とし、新政府は……

時が過ぎ、徳川家康が江戸を拠点とし、江戸幕府を開いた。この頃より家康は、天下普請《てんかぶしん》によって江戸を大改造しはじめた。神田明神はこのおり、駿河台へ移され、元和二年（一六一六）に現在の地に遷ってきたのである。将門塚については、祟りがあると考えたのか、そのままの場所で、大名屋敷に取り込まれていった。

神田明神は移転にさいして境内地として一万坪を与えられ、江戸総鎮守とされ、壮麗な社殿を与えられ、徳川家の葵紋《あおいもん》の使用も許されることになった。ちょうどこの場所は、江戸城の丑寅《うしとら》という鬼門《きもん》の方角にあたるので、神田明神が置かれたのである。

家康や秀忠が、国家に対する反逆者を守り神としたのは、関東人から絶大な人気を有していたからだと思われる。徳川氏は北関東から発祥した武家だとい

江戸城内に入る神田祭の御輿とそれを見物する大奥の女性たち
（『千代田の大奥　神田祭礼上覧』、国立国会図書館所蔵）

えども、長らく東海地方を拠点としてきた。関東に来たのはあくまで豊臣秀吉に移封を強制されたからであった。いってみれば外様なのだ。ゆえに、関東独立をもくろんだ関東人の英雄・将門を幕府の守護神とするのは、人心を掌握するために有利に働いたのではなかろうか。

ただ、神田明神の壮麗な社殿は、明暦《めいれき》三年（一六五七）に発生した明暦の大火によって全焼してしまった。不運なことに、その後も何度か神田明神は火難に遭って、たびたび社殿を焼失させている。

なお、幕府は、日吉山王社《ひえさんのう》と並んで神田明神に特別な保護を与えた。祭礼も日吉山王社と交替で二年ごとにおこなうことに決まったが、祭礼の神輿や山車《だし》は特別に江戸城内に入ることが許されたのである。

関ヶ原合戦にのぞんで家康が神田明神に戦勝を祈願したことから、祭礼はいつしか、合戦に勝った九月十五日に執行されるのが恒例となった。

神田祭の神輿がはじめて江戸城内に入ったのは元禄《げんろく》元年（一六八八）、五代将軍綱吉の時代のことだった。祭の規模は年々大きくなり、神田祭は天下祭と呼ばれるようになり、京都の祇園祭、大坂の天満《てんま》祭とならんで日本三大祭の一つとされるようになった。

江戸っ子はこの祭礼（神田祭）を非常に楽しみにしており、当日が近づくと、どの町でどのような山車や引き物が披露されるかを詳しく記した番付表も販売された。

だが、明治維新によって幕府が倒れると、神田明神は庇護《ひご》者を失ってしまう。

明治時代になると、神田明神は神田神社と名称を改めたが、新政府によって平将門は祭神からはずされることになった。朝廷に楯突《たてつ》いて関東独立を目論《もくろ》んだ人物だからだ。新政府は、朝敵という理由をもって将門を祭神から外し、別の神をすえたのである。将門がようやく祭神として復活したのは、なんと昭和五十九年（一九八四）になってからである。ずいぶんと政府も狭量《きょうりょう》である。

しかし、明治になってからも、江戸っ子は親しみを込めて神田神社を明神様と呼び、江戸の産土神《うぶすながみ》・氏神として崇め続けた。今に続く神田祭も、そのまま天下の三大祭と称されおり、各町を巡ってきた無数の神輿が境内に参入する様は圧巻である。

神田神社の大きな鳥居を過ぎると、短い参道の両側に甘酒店がいくつか続く。神社へは随神門から入るが、門の欄間《らんま》には四神が彫られ、朱色を基調とした五種の彩色が見事である。彼方に、銅板葺きで朱の柱を持つ御社殿が鎮座するのが目に入ってくる。

随神門を過ぎると、左手に巨大な大黒様（石造）が目に入り、人の流れはいったんそちらへと吸い込まれ、再び中央へ吐き出されて社殿へと向かう。社殿・奥殿の裏手には、各地から遷座・分霊された小社がズラリと並んでいる。水神社、大伝馬町八雲神社、浦安《うらやす》稲荷神社、江戸神社、三宿・金刀比羅神社など。

石碑も多い。小唄碑、力石、万世橋親柱《まんせいばしおやばしら》、乃木希典揮毫《きごう》の彰忠碑《しょうちゅう》、国学発祥の地碑などがある。が、何と言っても目立つのは、銭形平次《ぜにがたへいじ》の碑であろう。野村胡堂《のむらこどう》の『銭形平次捕物控』の主人公だ。平次役の大川橋蔵《おおかわはしぞう》が、寛永通宝を敵に投げつけるシーンをテレビで見た人もいるだろう。原作では、平次の住居はこの神田明神下の台所町《だいどころちょう》という設定になっている。

そんなことから、作家や出版関係者など有志が集まって、昭和四十五年（一九七〇）、同社に平次碑を建てたのだ。碑は特徴的である。大きな寛永通宝をかたどった台座に、銭形平次と刻んだ薄緑色の自然石が乗っている。隣には、申しわけなさそうに、平次の手下「がらっ八」こと八五郎の小碑が並ぶ。発起人碑もあり、そこには文藝春秋、中央公論社、講談社、大映、東映などの代表者に加え、時代小説家の山手樹一郎《やまてきいちろう》や山岡荘八《やまおかそうはち》、平次を演じた大川橋蔵や長谷《はせ》川一夫《がわかずお》など俳優名も見える。

なお、毎年正月の仕事はじめには、神田神社にビジネスマンが殺到する。あらかじめお祓《はら》いを受ける予約をした会社が一千五百以上、さらに参拝に来た社員をあわせると、三千社を超える。ただ、彼らが商売繁盛を願うのは将門ではない。じつは神田神社の祭神は三柱あり、そのひとつで商売繁盛の神「えびす様」に祈願するために来訪しているのである。

終戦後も続いた将門の祟り

さて、最後に将門の首塚について語ろう。

じつは将門塚は、千年以上経ってもいまなお同じ場所に鎮座している。江戸時代は大名屋敷の中に、庭園の築山《つきやま》として保存されていたが、明治時代になると、首塚は大蔵省の中庭に取り込まれた。祟りがあるとされていたので、とくに取り壊す者はいなかった。

だが、関東大震災によって大蔵省の庁舎が焼失してしまう。このとき将門塚も崩れてしまった。

そこで政府は仮庁舎を建てるため、崩壊した将門塚を壊すことに決めたのだ。

取り壊す前、大熊喜邦《おおくまよしくに》工学博士が塚の調査をおこなったところ、塚の内部に石棺《せきかん》があったものの、副葬品は盗掘されてしまっていたことが判明している。

こうして将門塚は更地《さらち》にされ、その上に仮庁舎が建つと、大正十五年（一九二六）に大蔵大臣の早見整爾《はやみせいじ》が死去したのである。さらに矢橋賢吉《やばしけんきち》管財局課長以下、大蔵官僚や工事関係者が次々に亡くなり、その数は十数名に達した。また、武内作平《たけうちさくへい》政務次官をはじめ、多くの役人たちが庁舎内で転倒するなどしてケガをするようになった。

ここにおいて、将門の祟りだと畏怖《いふ》した大蔵省は、昭和三年（一九二八）に仮庁舎を撤去して首塚を元どおりに戻し、神田神社の社司・平田盛胤《ひらたもりたね》に依頼して将門の鎮魂祭を挙行したのである。

だが、それから十二年後の昭和十五年（一九四〇）、雷が逓信《ていしん》省の建物に落ち、その火が大蔵省にも燃え移り、全焼してしまったのである。これを気味悪く思った河田烈《かわだいさお》大蔵大臣は、同年、将門没後千年を記念して、再び神田神社の平田盛胤を招いて将門千年祭を執行したのだった。

それから五年の時が過ぎた。大手町一帯はまたも空襲のために焼け野原になった。戦後、日本はアメリカの占領下におかれ、将門塚周辺は駐車場にすることが決まった。

このためGHQの命令で工事用ブルドーザーで塚を破壊しようとした。そのとき、塚の手前でブルドーザーが横転、運転していた人が死亡してしまったのだ。このため、工事は中止された。

昭和三十五年（一九六〇）、史蹟将門塚保存会がつくられ、翌年、保存会によって塚が整備され、神田神社の宮司によって慰霊祭が執行され、現在に至っているのである。

コラム13 ノーベル賞受賞者を超えた寒川神社の算額

神奈川県の寒川《さむかわ》神社は、関東を守護する大社であり、寒川比古命《ひこのみこと》と寒川比《ひ》女命《めのみこと》の二神を祀る神社である。そんな寒川神社には、いくつも算額《さんがく》が所蔵されている。

算額というのは、難しい数学（和算）の問題が解けたとき、神に感謝するため、問題と解法を記して奉納した額縁（絵馬《えま》）のことである。これは江戸時代、和算《わさん》とよぶ独自の高等算術が庶民のあいだに流行する。これは世界的にみても、とても高度なものだった。たとえば、一九二一年にノーベル賞を受賞したイギリスのソディーは、一九三六年に「六球連鎖の定理」を発表したが、なんとこの法則は、算額にすでに記されていたのだ。

その算額が、じつは寒川神社に所蔵されているのである。しかもそれは、一八二二年のもの。なんとソディーが発表する百年以上の前のことである。
いかに江戸時代の人々が高度な数学を楽しんでいたかがわかるだろう。

第二十章

靖国神社はいかに創建され、なぜ靖国問題が起きるのか

靖国を語る前に知っておきたいこと

総理大臣が靖国《やすくに》神社を参拝するたびに、国内ではその賛否をめぐって大きな議論が巻き起こる。

参拝反対派は「一つの宗教法人である靖国神社に、国家の元首たる総理大臣が参拝することは、明らかに憲法二十条に定められている政教分離の原則に反するものだ」と主張する。

また、A級戦犯とされた戦争犯罪者が合祀《ごうし》された靖国神社に、首相が参拝するのは太平洋戦争での侵略を認め、謝罪した政府の公式見解と異なるので、中国など交戦国に配慮すべきではないかという反発もある。

いっぽう、参拝賛成派は「国家のために尊い命を犠牲にした戦没者に対し、国家元首が慰霊するのはどこの国でも一般的なことである」とする。

また、「靖国神社は好んで宗教法人になったわけではない。ゆえに国家の慰霊施設としたうえで、首相が参拝すべきだ」という人もいる。いずれにせよ、さまざまな意見や立場があり、靖国参拝論争は到底決着はつかない状況である。

ただ、問題が深刻なのは、首相の靖国参拝が国内の問題にとどまらないことであろう。

とくに近年、中国、さらには韓国までもが、首相や閣僚が靖国神社に参拝すると、激しい批判をあびせるようになっている。つまり、必ず外交問題に発展するのである。

なぜ中韓政府が靖国参拝に腹を立てるのか。そもそもそれがよくわかっていない国民も多いと思うので、この靖国問題をわかりやすく解説してみたい。

まず靖国問題を語るためには、靖国神社がどのような神社であるかを理解しなくてはいけない。

靖国神社は嘉永六年（一八五三）のペリー来航以後、国に殉じた人々を祀る神社として明治二年（一八六九）に現在の地（九段）に設置された。

明治天皇はその前年の明治元年六月、有栖川宮《ありすがわのみや》の主宰というかたちで、それまでの幕末・維新における戦死者や殉難者の招魂祭《しょうこんさい》を皇居（江戸城）の大広間で執行、さらに七月には京都の河東練兵場において同じく招魂祭を執り行った。その結果、「国家に殉じた国民の御霊は、国家が永久に祀るべきだ」と考え、明治二年、明治天皇の聖旨《せいし》によって東京の九段に神社を創建したのである。ただ、その名は当初、靖国ではなく東京招魂《しょうこん》社といった。

靖国神社という名称に改めたのは、明治十二年（一八七九）のことである。その名の由来は、中国の古典『春秋左氏伝《しゅんじゅうさしでん》』の「吾《われ》は以《もっ》て国を靖《やす》んずるなり」である。この年、靖国神社は、別格官幣《かんぺい》社に指定された。

別格官幣社とは、明治政府が決めた神社の社格制度の一つで、天皇に対して忠節を尽くした家臣を祭神とする神社のことをいう。有名なのは、後醍醐天皇に忠誠を尽くした楠木正成《くすのきまさしげ》を祀る湊川《みなとがわ》神社であろう。

なお、靖国神社に改められたときの祭神は、明治維新のときの七千七百五十一名、西南戦争前後の六千九百七十一名であった。靖国神社というと、太平洋戦争での戦没者のイメージが圧倒的に強いが、このように戊辰戦争、西南戦争、さらには日清・日露戦争などの戦死者も祀られているのだ。靖国神社の敷地は広く、現在でも東京ドーム二倍以上の面積を持つ。

戦死者の死をいかに意味づけるか

ちなみに靖国神社に祀られる人を「英霊《えいれい》」と呼ぶようになったのは、日露戦争以降のことだとされる。ただ、日露戦争に出征した兵士たちは、自分たちが死んだら、靖国神社に祀られるということを意識した者はほとんどいなかった。

日本人の間に、戦死者が靖国神社の英霊になるという認識が広がったのは、日露戦争後のことであるとされる。この戦争は当時の総力戦であり、戦死者は八万八千人以上。徴兵適齢人口の百人に一人以上が亡くなる計算になり、どこの町村でも顔見知りの若者が亡くなるほどであった。

だが、満州事変以後、日中戦争、太平洋戦争と進むにしたがって、「英霊」の数は爆発的に増え、二百四十六万六千を超えることになった。これだけ多くの祭神を持つ神社は、類例を見ない。

このため、太平洋戦争になると、兵士の間で「死んだら九段で会おう」、「靖国で待っている」という言葉が当たり前のように使われるようになった。

また、日中・太平洋戦争で激増した戦死者の遺児に対し、恩賜《おんし》財団軍事援護会が費用を負担して彼らを靖国神社に連れて行き、英霊になった父親と対面させるという活動がおこなわれるようになった。

遺児たちに、「自分の父親は国のために立派に死んだのだ」と認識させることが目的であったが、さらに、現役の兵士たちに「万が一、自分が戦死しても、残った子供たちはこのような優遇を受けるのだ」ということを知らしめ、戦意高揚も狙ったのだと考えられる。

戦後、靖国神社は宗教法人法により、東京都知事の認可を受けた単立の宗教法人となった。また、太平洋戦争が終わり、国家の靖国神社に対する意義も大きく変化した。

ただ、あまり知られていないのが、戦争遺児たちの集団参拝が復活した事実である。

占領下では戦死者を慰霊することは憚《はばか》られて自由にできなかったが、一九五二年に独立を回復すると、再び戦死者の追悼や慰霊があちこちでおこなわれるようになる。こうした動きのなかで、戦争遺児の靖国集団参拝が復活したわけだ。遺児が靖国神社を参拝する費用は、各県が負担した。

一ノ瀬俊也《いちのせとしや》氏は、戦争遺児たちの集団参拝を復活させたのは、「占領期に一切の特別扱いが廃止されたことで断絶した国家と遺児たちとの関係を修復し、再び国家につなぎとめることであった」、「少なくても」、「父が『犬死』と思わせることだけは避けたかったのだ」（『故郷はなぜ兵士を殺したか』角川選書）と述べたうえで、その政策は失敗に終わったと断言する。

また一ノ瀬氏は、「戦後の日本は、政府も社会も、戦死者の死に対して、確かに金で『補償』はしたかもしれないが、『意味付け』はしてこなかった」という。

でも、それは仕方のないことであろう。意味付けをしたくても、それができないわけだから。

なぜならそれは、日本が戦争に負けた国だからである。敗戦国は、言い訳や弁解は一切許されない。「あなたの国がした戦争は間違いであり、悪の戦争である」という論理を受け入れざるを得ないのだ。当然、そんな戦争を戦った兵士たちは悪に加担した者たちであり、その死も当然の酬いという論理になってしまう。ゆえに、戦争遺児たちは、父の死に意味を見出すことができないでいたのだ。

ただ、アメリカは、そんな論理を巧みにすり替えて、日本を西側陣営へと引き込んでいった。あくまで悪いのは戦争指導者であり、日本国民ではないという論である。あなたがた日本国民は、戦争指導者にだまされて侵略戦争を戦っただけで、罪はないというわけだ。

満州事変以後の経緯を見れば、それがとんでもない間違いで、戦争の責任は日本国民全体にあることは明瞭だ。国民が中国への侵略や戦争を熱狂的に支持したがゆえに、日本は破滅的な道をたどることになったのだ。

だが、アメリカの言説は非常に心地よい論理ゆえ、日本国民はそうした免罪符の論理を全面的に受け入れたのである。この結果、日本人の戦争責任は今もあいまいなままなのである。

現在に至るまでの靖国問題

さて、さらに靖国問題について語ろう。

いつも大きな日中国際問題になる首相の靖国参拝だが、終戦記念日の八月十五日に戦後はじめてこれを断行したのは三木武夫《みきたけお》首相である。昭和五十年（一九七五）のことだ。三木首相は、私人として参拝した。その後、福田赳夫《ふくだたけお》、大平正芳《おおひらまさよし》、鈴木善幸《すずきぜんこう》、中曽根康弘《なかそねやすひろ》と靖国神社への参拝が続いたが、昭和六十年（一九八五）の中曽根首相のとき、はじめて中国人は規模な反日デモを起こしている。じつはこれより三年前、教科書の検定のさい、中学・高校の歴史教科書が、戦前の中国への我が国の「侵略」と記したのに対し、「進出」と改めさせたことに中国は大きく反発していた（後に、書き換えは誤報と判明）。これがあったので、首相の靖国神社参拝に神経質になっていたことが大きい。

ただ、昭和六十年のときは、中国政府がデモをおさえるという対応をとり、中曽根首相も翌年には靖国参拝を見合わせるという、相手国への配慮によって、大きな外交問題には発展しなかったのである。以後、首相の公式参拝は途絶えた。

中国の参拝非難の論理としては、A級戦犯が靖国神社に合祀されていることをあげる。

中国は日中国交正常化にあたり、「戦争責任は一部の日本の指導者（戦犯）にあり、日本国民にはない」というスタンスをとった。これはアメリカの論理と同様である。

ところが昭和五十三年、A級戦犯が靖国神社に合祀されることになった。そんな戦犯が祀られている神社に首相が参拝するわけで、これが許せないのだと主張する。

平成七年（一九九五）、村山富市《むらやまとみいち》首相が戦後五十年を期して首相談話を出した。近年よく話題になるが、どのような内容なのか、意外に知っている人は少ないかもしれないので、以下に紹介しよう。

「我が国は、遠くない過去の一時期、国策を誤り、戦争への道を歩んで国民を存亡の危機に陥れ、植民地支配と侵略によって、多くの国々、とりわけアジア諸国の人々に対して多大な損害と苦痛を与えました。私は、未来に過ち無からしめんとするが故に、疑うべくもないこの歴史の事実を謙虚に受け止め、ここにあらためて痛切な反省の意を表し、心からのお詫びの気持ちを表明いたします。また、この歴史がもたらした内外すべての犠牲者に深い哀悼《あいとう》の念を捧げます」

法的な拘束力をもたない談話であるが、戦争責任を日本の最高指導者が明確に謝罪したのははじめてのことである。

これによって日中関係もしばらく安定する。ところがその後、靖国問題が日中関係に決定的な亀裂を入れることになった。小泉純一郎《こいずみじゅんいちろう》首相が靖国神社へ公式参拝を始めたのである。

小泉純一郎首相が二〇〇一年から毎年靖国神社に参拝するようになると、中国政府は一方的に首脳会談を拒否してきたのだ。これは異常事態である。また、二〇〇五年には、インターネットを通じて若者を中心とする大規模な反日デモが中国各地で発生する。このおり町村信孝外相はデモで被害を受けた日本企業に対し賠償を求めるため北京へ赴いたが、水面下で事態収拾の話し合いがなされ、中国政府はデモを厳しく抑え込んだ。一方小泉首相は、ジャカルタの国際会議の席上で、日本軍の侵略や植民地支配を謝罪する発言をしたのである。

以後、自民党の歴代首相は靖国参拝をひかえることになった。

政権交代によって誕生した民主党の鳩山由紀夫《はとやまゆきお》内閣のとき、鳩山首相は「任期中は靖国神社に参拝しない」と明言、日中関係は落ち着きを見せるかに思えたが、今度は尖閣《せんかく》諸島をめぐる外交問題が発生する。

こうして日中関係は複雑な様相を呈するなかで、東日本大震災がおこり、日本は一時的に弱体化する。こうした状況のなかで、中国、韓国、ロシアなどが日本を軽んじる傾向が顕著に見られるようになった。

いっぽう民主党が政権の地位から転落し、自民党の安倍晋三《あべしんぞう》内閣が成立。二〇一三年に靖国神社に参拝したのである。第一次内閣のときにはひかえていたので、安倍首相にとってこれがはじめての首相としての靖国参拝であった。また、首相の靖国参拝は、小泉首相以来、七年ぶりのことであった。

これに対して中国政府は安倍首相の訪中を拒否、アメリカやEUなども首相の靖国参拝を批判する姿勢を見せるようになった。

二〇一四年、安倍首相は靖国神社に参拝していないが、今年二〇一五年は戦後七十周年にあたり、首相談話の内容とともに、靖国神社に参拝するか否かに注目が集まっている。

参考文献

青山重鑒著『豊國神社誌』
浅野安太郎著『鶴岡と鎌倉』（鶴岡八幡宮）
熱田神宮宮廳編『熱田神宮略記』（熱田神宮宮廳）
一ノ瀬俊也著『故郷はなぜ兵士を殺したか』（角川選書）
上杉和彦著『源頼朝と鎌倉幕府』（新日本出版社）
上山春平編『シンポジウム伊勢神宮』（人文書院）
岡谷繁実著『名将言行録』（岩波文庫）
坂井孝一著『源実朝――「東国の王権」を夢見た将軍』（講談社選書メチエ）
子母沢寛著『新選組物語』（中公文庫）
千田稔著『伊勢神宮――東アジアのアマテラス』（中公新書）
高藤晴俊著『日光東照宮の謎』（講談社現代新書）
武澤秀一著『伊勢神宮と天皇の謎』（文春新書）
田村圓澄著『伊勢神宮の成立』（吉川弘文館）

塚田清市著『乃木大将事蹟』
中村修也著『秀吉の智略「北野大茶湯」大検証』（淡交社）
松岡久人著『安芸厳島社』（法蔵館）
元木泰雄著『平清盛の闘い――幻の中世国家』（角川ソフィア文庫）
湯山学著『鶴岡八幡宮の中世的世界』
湯山学著『南関東中世史論集三　中世の鎌倉　鶴岡八幡宮の研究』
竹内理三監修『宇佐神宮史　史料篇1』（吉川弘文館）
厳島神社社務所編『伊都岐島』（厳島神社社務所）
神宮司庁編『伊勢の神宮』（神宮司庁）
神社と神道研究会編『八幡神社　歴史と伝説』（勉誠出版）
中野幡能編『宇佐神宮の研究』（国書刊行会）
日本戦没学生記念会編『きけわだつみのこえ』（岩波文庫）
『平家物語㈡』梶原正昭・山下宏明校注（岩波文庫）
『社寺参詣と代参講』（世田谷区立郷土資料館）

ほか

本書は、書き下ろし作品です。

著者紹介
河合　敦（かわい　あつし）
1965年、東京都町田市生まれ。青山学院大学卒。早稲田大学大学院博士課程単位取得満期退学（日本史専攻）。文教大学附属中学・高等学校と早稲田大学で教鞭を取る一方、歴史作家・歴史研究家として執筆、講演活動を行なっている。また、『世界一受けたい授業』などテレビ出演も多数。第17回郷土史研究賞優秀賞（新人物往来社）、第6回ＮＴＴトーク大賞優秀賞を受賞。
著書に『豪商列伝』（ＰＨＰ研究所）、『吉田松陰と久坂玄瑞』『都立中高一貫校10校の真実』（以上、幻冬舎）、『戦争で読み解く日本近現代史』（ＮＨＫ出版）、『早わかり日本史』（日本実業出版）など多数。

ＰＨＰ文庫　「神社」で読み解く日本史の謎

2015年6月17日　第1版第1刷
2020年2月18日　第1版第7刷

著　者　河合　敦
発行者　後藤淳一
発行所　株式会社ＰＨＰ研究所
東京本部　〒135-8137　江東区豊洲5-6-52
PHP文庫出版部　☎03-3520-9617（編集）
普及部　☎03-3520-9630（販売）
京都本部　〒601-8411　京都市南区西九条北ノ内町11
PHP INTERFACE　https://www.php.co.jp/
組　版　株式会社PHPエディターズ・グループ
印刷所　図書印刷株式会社
製本所

ISBN978-4-569-76329-3

PHP文庫好評既刊

梅原猛の仏教の授業　法然・親鸞・一遍

梅原　猛　著

社会の仏教から、民衆の仏教へ――。知の巨人が、法然・親鸞・一遍がそれぞれ開いた浄土仏教の本質に迫る。すべての人は必ず救われる！

PHP文庫好評既刊

おとぎ話に隠された古代史の謎

関 裕二 著

浦島太郎、竹取物語、一寸法師、かぐや姫など、日本のおとぎ話に隠された日本古代史の謎を大胆に推理する。「関ワールド」の新境地。

PHP文庫好評既刊

地図で読む『古事記』『日本書紀』

武光 誠 著

宗像三神は朝鮮航路上にある？ 出雲に鉄の神が多い理由は？ 日本神話の源流はペルシア？ など、日本誕生に隠された真実を地図から探る！

PHP文庫好評既刊

日本史の謎は「地形」で解ける

竹村公太郎 著

なぜ頼朝は狭く小さな鎌倉に幕府を開いたか、なぜ信長は比叡山を焼き討ちしたか……日本史の謎を「地形」という切り口から解き明かす！

PHP文庫好評既刊

「戦国大名」失敗の研究

政治力の差が明暗を分けた

瀧澤 中 著

「敗れるはずのない者」がなぜ敗れたのか? 強大な戦国大名の〝政治力〟が失われる過程から、リーダーが犯しがちな失敗の本質を学ぶ!

PHP文庫好評既刊

「日本の神様」がよくわかる本

八百万神の起源・性格からご利益までを完全ガイド

戸部民夫　著

日本には太古の時代から数多くの神様が存在する。我々にとってなじみ深い八百万神の起原からご利益までを紹介した神様ガイドの決定版。

PHPの本

豪商列伝　なぜ彼らは一代で成り上がれたのか

河合　敦　著

日本にはかつて、こんなすごい商人がいた。三井高利、紀伊国屋文左衛門、御木本幸吉など、28通りの成功譚を追う。感動秘話が満載！